わたしの旅ブックス
011

考える旅人
世界のホテルをめぐって

山口由美

産業編集センター

はじめに

仕事柄、頻繁に旅をする。

多くは取材を目的とした旅だが、プライベートの旅も少なくない。仕事でさんざん旅をして、いいかげん旅をするのが嫌にならないのかとよく問われるが、私は根っからの旅好きで、スケジュールの空白を見つけると、つい旅の計画を立ててしまう。

そうした旅を通して、メインの取材テーマからこぼれてしまったネタや、旅のつれづれに考えたこと、プライベートの旅で拾ったテーマなどをまとめたのが、『月刊ホテル旅館』という業界誌で二〇一二年六月から続けている「考える旅人」というコラムである。

あらためて読み返してみると、この数年の旅の日々、そしてこの数年、おきた出来事がよみがえるようで感慨深い。

同誌での連載が始まったのは、一九九五年にさかのぼる。当初は「ホテルをめぐるフォークロア」「観光地『創生』物語」といった歴史モノの連載だった。旅のこぼれ話的なコラムになったのは、二〇〇三年にスタートした「旅の窓から」という連載からで、これはタイトル通り、旅の一場面を切り取ったカラー写真をふんだんに使った構成だった。

この連載が十年近く続いた後、モノクロページで写真より文章を多くして、より読ませるコラムにリニューアルしたのが「考える旅人」だった。

現在はイギリスに住む前編集長、今も友人である武田真理子さんと、帝国ホテルのレストラン「ブラッスリー」で食事をしながら、この連載の趣旨とタイトルを決めた日のことを懐かしく思い出す。

「考える旅人」というタイトルは、旅そのものだけをテーマにするのではなく、旅を通してテーマを見つけ、旅をしながらものを考え、旅に触発されて執筆活動をする、私のスタンスに根ざしている。

ちなみに、私の公式ホームページには「旅する作家」という肩書きを載せているが、これには、旅を創作の基軸にしている、という意味あいがある。

もっとも、この肩書きをいつも使っているわけではなく、媒体や状況によって「旅行作家」と「ノンフィクション作家」を使い分けている。「旅する作家」と、いきなり言われてもわかりにくいし、過剰な自己プロデュースのような感じになって、居心地が悪い気がするからである。

だが、「旅する作家」には、二つの肩書きを包括するニュアンスがあると思っている。つまり、テーマとして直接、旅と関係ないノンフィクションを書くときでも、私は現場取材をモットーとするし、それは、すなわち旅を伴うからである。

「考える旅人」もそれと同じで、旅を基軸に何かを書こう、創作しようといつも考えている私の創作スタイルにつながっている。

さらに、たとえ旅をしなくても、旅人としての視点を持つことが、私がものごとを考える基軸にある、という意味合いも含む。

「旅人」である私は、旅をするときは、休暇の個人的な旅であっても、いつも何かを考えながら旅をしている。

そういうのって疲れませんか、と問われることもあるが、それが苦にならないのは、子供の頃から旅と仕事が直結した家で育ったせいなのだろう。

私は、箱根のクラシックホテル、富士屋ホテルの創業家に生まれた。祖父は最後の同族社長で、その一人娘の婿が父になる。

ホテルの後継者として婿入りし、その後、創業家が経営を離れたことで、実力で富士屋ホテルの経営者として頭角をあらわさざるを得なかった父は、勉強家で努力家だった。家付き娘の母は、ホテルの中で育った人であり、後年、旅行作家を志したこともあった。

こんな両親だったから、子供の私を連れた家族旅行でも、旅はしばしば視察旅行の趣きとなった。私は早く遊園地やプールに行きたいのだけれど、そうした期待は無視され、宿泊先のオーナーと話し込んだり、客室や厨房の見学が優先されるのだった。

こうした環境が、私を「考える旅人」に育てたのかもしれない。

そのように私を誘った父とは、連載の掲載誌である『月刊ホテル旅館』を通じてもつながっていた。

一九七九年から二〇一七年に亡くなる直前まで、約三十八年にわたって、巻末の『コーネルクォータリー』という米国の学術誌の翻訳監修を担当していたからだ。

私の連載開始が一九九五年だから、そのうちの約二十二年間、父と娘で同じ雑誌に連載を続けていたことになる。「考える旅人」の連載開始時の編集長、武田さんは、父の担当者でもあった。

「考える旅人」は、身辺雑記を趣旨とするものではないけれど、しばしば父が登場するのは、同じく長期連載をしていた父のことは、雑誌読者に周知だった関係性がある。

この本は、もちろんそれより幅広い読者に届けたいと思っている。だが、あえて父をめぐるコラムも多く収録したのは、父との関係性が「考える旅人」である私の原点にあると思ったからである。

旅することは面白い。

旅人の視点を持つことで、見えてくる景色がある。

旅が好きな人だけでなく、旅することが面倒くさいと思う人、あるいはさまざまな事情で旅ができない人にも、机上の旅を楽しんで頂けたら幸いである。

考える旅人
世界のホテルをめぐって
目次

第二章　アジアの風に吹かれて

第四章　南半球からのメッセージ

第五章 ホテルをめぐる物語

第六章　原風景への旅

第一章

オリンピックの風紋

今、再びの東京五輪①

二〇二〇年の東京五輪が決定した。二〇一三（平成二十五）年、日本時間九月八日の明け方、地球の裏側、ブエノスアイレスからもたらされた朗報に日本中が沸いた。

一九六四（昭和三十九）年の東京五輪から五十六年目、かつて欧米以外の有色人種の国家として初めてオリンピックを開催した東京は、今再びの舞台となることが決定したのである。過去に五輪が複数回開催されたことのある都市は、オリンピック発詳の地、アテネのほか、パリ、ロンドンとロサンゼルスしかない。

前回、立候補した時は、リーマンショック直後という時期もあったのだろう、最下位で落選し、国民の支持も受けられず、その支持率の低さがまた落選の一因ともなった。それを思うと、今回の招致成功と盛り上りは隔世の感がある。

東北の震災復興が置き去りにされるのでは、という懸念があるのも事実だが、バブル経済崩壊以後、長く続いた景気低迷と自信喪失の中にあった日本に再び元気と希望が戻ってきたのは、やはり喜ばしいことである。

なかでも、ことさらに東京五輪の開催を好機と受け止めているのが、※ホスピタリティ産業であることは言うまでもないだろう。最終プレゼンテーションでは、高円宮久子殿下や安倍首相のスピーチもさることながら、「お、も、て、な、し」のキーワードが話題となった。それは、「おもてなし」をもって東京五輪を成功させるという高らかな宣言とも読み取れたからである。

だが、五輪開催とホスピタリティ産業の関わりは、何も今回に始まったことではない。一九六四年の東京五輪においても、そして戦争により開催されることのなかった一九四〇（昭和十五）年の幻の東京五輪でも、日本のホスピタリティ産業は、深く関わってきた。七年後に向けて何をすべきか考える前に、まずは、その歴史を振り返ってみることにしたい。

幻の東京五輪誘致の動きが始まったのは、一九二九（昭和四）年、国際陸上競技連盟会長の来日だったとされる。そして二年後の一九三一（昭和六）年、東京市議会で五輪誘致活動の開始が決定される。

開催予定は一九四〇年、すなわち皇紀紀元二六〇〇年。『日本書紀』において神武天皇が即位されたとされる年から二六〇〇年目の年だ。国粋主義の台頭していた当時、このイベントを大規模に祝おうという機運が高まっていたのである。

そして一九三二（昭和七）年、東京は正式に立候補した。第十二回夏季オリンピックの開催地として決定したのは一九三六（昭和十一）年のことだった。

五輪誘致の動きが始まった頃、観光政策においても大きな動きがあった。一九三〇（昭和五）年に設立された国際観光局である。観光を世界恐慌後の不況を打破する日本の新しい産業と位置付けたのである。

その後、国際観光局はさまざまな事業を展開し、日本に観光客を誘致していくのだが、そのポジティブな背景としてあったのが、東京五輪の誘致とその成功であった。一方、ネガティブな背景としてあったのが、一九三一（昭和六）年に勃発した満州事変以後の日本の大陸進出だった。翌年の上海事変を経て、一九三三（昭和八）年には国際連盟の脱退に追い込まれる。当時、海外からの観光客誘致には、国際的に孤立する日本の、せめてものイメージアップを図るものとしての役割が期待されていたのである。

国際観光局の施策の代表的なものが、地方自治体のホテル新築や増築に対して行われた、政府資金の特別融資である。これを受けて開業した主なホテルとして、一九三三（昭和八）年の上高地帝国ホテル、一九三四（昭和九）年の蒲郡ホテル（現・蒲郡クラシックホテル）、一九三五（昭和十）年の新大阪ホテル（現・リーガロイヤルホテルの前身）、雲仙観光ホテル、一九三六（昭和十一）年の富士ビューホテル、川奈ホテル、名古屋観光ホテル、一九三七（昭和十二）年の赤倉観光ホテルなどがある。

それらのホテルは、東京五輪を直接的な目的としていたわけではなかったが、一九三四（昭和九）年の正式立候補、一九三六年の開催決定という状況を背景に、東京でオリンピックが開催され、日本の観光が盛り上がることへの期待が少なからずあった上での計画と考えていいだろう。一般に一九六四年の東京五輪に際してのホテル建設ラッシュを「第一次ホテルブーム」と呼ぶが、本当の意味での日本最初のホテルブームは、昭和初期のこの時だったのかもしれない。東京では、第一ホテル（現・第一ホテル東京）がこの時期の開業である。

しかし、一九四〇年の東京五輪は開催されなかった。一九三八（昭和十三）年の盧溝橋事件により日中戦争は泥沼化する。そうした国際情勢を考慮して、一九三九年七月、東京五輪中止が決定されたのだ。それは、第一ホテルが開業した四カ月後のことだった。

一九六四年の東京五輪は、そうした前史があったうえでの出来事だったのである。戦後、サンフランシスコ講和条約により主権を回復した二年後の一九五四（昭和二十九）年、六〇年開催の第十七回夏季五輪に立候補するが、ローマに敗れた。しかし、続く六四年の第十八回大会で、ついに再び開催地となった。決定は、東京タワーが完成した半年後、一九五九（昭和三十四）年五月のことだった。

これを契機に、日本の戦後復興と高度経済成長は、目に見えるかたちで姿をあらわすことになる。競技会場のみならず、首都高速、東海道新幹線といったさまざまなインフラが整備されたからだ。そして多くのホテルが開業した。それが、先にあげた、いわゆる「第一次ホテルブーム」である。

代表的なホテルが、一九六二（昭和三十七）年開業のホテルオークラ、一九六三（昭和三十八）年開業の東京ヒルトンホテル（キャピトル東急ホテルの前身）、一九六四（昭和三十九）年開業の東京プリンスホテル、ホテルニューオータニである。

幻の東京五輪前に開業した第一ホテルは、当時、客室数六百二十八室の〝東洋一〟の規模を誇ったが、この時、開業したホテルニューオータニは当時、日本初の千室規模のホテルとして脚光を浴びた。

こうして振り返ってみると、日本のホテルの歴史は、オリンピックと実に深く関わってきたことがわかる。では、二〇二〇年、今再びの東京五輪において、日本のホスピタリティ産業はどう変貌すべきなのだろうか。そのあたりは、次節で考察していきたいと思う。


（二〇一三年十一月号）

※ホスピタリティ産業……宿泊業、サービス業全般を包括した呼び方。「ホスピタリティ」の定義は諸説あるが、日本にその概念を導入した一人である父山口祐司は、〈もてなす側ともてなされる側が対等でありながらも、もてなされる側の「気持ち」や「便宜」を最優先する新たな関係として「ホスピタリティ」という概念が生まれた〉としている。

今、再びの東京五輪②

一九六四（昭和三十九）年の東京五輪において、日本のホテル業界は、単に「第一次ホテルブーム」で新規ホテルが開業しただけではない、より直接的な協力をしている。『帝国ホテル百年史』をひもとくと次のような記述がある。

〈オリンピック東京大会組織委員会からの要請を受けた日本ホテル協会は、三十八年三月二十五日の春季総会で、「採算を度外視し、日本の食事とサービスに汚点を残さぬよう全力をあげて」選手村の給食事業に取り組むことを確認した〉

「採算を度外視」という表現にはいささか驚かされる。だが、当時の彼らにとっての東京五輪は、日本人としての誇りを賭けて「汚点を残さぬよう」取り組むものだったのだろう。

そして、日本ホテル協会は同年四月五日、「オリンピック選手村給食業務準備委員会」

を設置した。会長に就任したのは、帝国ホテル社長の犬丸徹三。副委員長にホテルニューグランド社長の野村光正と帝国ホテル常務の犬丸一郎が連なった。

十五人が選ばれた委員の中での最年少が、若干二十九歳だった私の父、山口祐司である。役員クラスが名を連ねる中、肩書きには、富士屋ホテル広報課とあった。

戦前から業界をリードしてきた富士屋ホテルだったが、当時は、長年続いた同族経営が、一族間の軋轢により揺らぎ始めた時期にあった。会長を務めていた祖父には、アメリカ留学から帰国したばかりの娘婿を委員会に送り込むことで、いち早くホテルの後継者として、認めさせたいという思惑があったに違いない。裏を返せば、この「給食準備委員会」が、それだけ業界的に重要なものだったということでもある。

日の丸のエンブレムがついた制服を着て、緊張の面持ちで五輪会場に立つ父の写真がある。選手でこそないが、彼もまた日の丸を背負って、オリンピックの舞台にいたのである。

私は、そうした思い出話を調理要員として派遣された人たちからも聞いたことがある。選手村の料理を直接担当したのは、専門委員として指名された四人のシェフたちだった。

すなわち日活ホテル料理長の馬場久、ホテルニューグランドの入江茂忠、第一ホテル料理長の福原潔、帝国ホテル新館料理長の村上信夫である。さらに調理要員として全国から集められたコックは、総勢三百六人にのぼったという。私が思い出話を聞いたのは、地方から派遣されたコックの一人である。目新しい各国料理を学び、外国人と接する毎日は、輝かしい青春の思い出だったそうだ。

今回の東京五輪誘致において、しばしば「オールジャパン」という表現が使われたが、六四年の東京五輪の選手村運営において、日本のホスピタリティ業界は、文字通りの「オールジャパン」体制だったのだ。

当時の選手村の「おもてなし」の精神の一端を選手村スタッフに配られた「ポケット通訳」という小冊子に見ることができる。

英語、フランス語、ドイツ語、イタリア語、ロシア語の五カ国語会話が表記されているのだが、印象的なのは「待つように頼む」「感謝」「お詫び」「人をほめる」などの、ホスピタリティ的表現に多くのページが割かれていることだ。

たとえば「待つように頼む」には、「少々お待ちください」「ちょっと失礼いたします」「すぐ参りますから」「長くかかりませんから」「すぐに戻りますから」「お待たせしてすみません」と続く。

「少々お待ちください」だけで用は足りるのではないかと思ってしまうが、誠心誠意を尽くすのが、六四年東京五輪選手村の心意気だったのだろう。生真面目な表情で、「ポケット通訳」を片手に頭を下げるスタッフの姿が見えるようだ。

だが、もっぱら表の記録に残るのは、目に見える施設や料理を先進国として恥ずかしくないものを提供しようとした事実である。ことさらに「おもてなし」などと、そうした心遣いを強調することはなかった。それでも、当然のこととして、「感謝」や「お詫び」を重ねていたのだろう。その事実を「ポケット通訳」の内容が語っている気がする。

そして今、再びの東京五輪で、日本のホスピタリティ業界は、どのような役割を果たすべきなのだろう。

九八年の長野五輪における選手村の給食業務はエームサービスという給食事業の企業が

受託したように、もはや選手村の給食業務をホテル業界が「オールジャパン」で運営することはあり得ない。今や、世界各国の選手に食事を提供することは、技術的に難しいことではなくなった。半世紀余りの年月を経て、日本は成熟した先進国に変貌し、またフードサービスをめぐる環境もすっかりグローバル化したのである。

だが、もっぱら聞こえてくるのは、六四年の東京五輪と何ら変わらない、ゼネコン主導の開発の話が多い。このタイミングでの建て替えを検討している「第一次ホテルブーム」のホテルもあるように聞く。

長く景気低迷にあった日本にとって、アベノミクスの追い風の中で決定した東京五輪は、六四年の東京五輪の頃のような高度経済成長の夢が重なるのかもしれないが、再びの東京五輪は、かつての東京五輪の再来ではない。なぜなら、日本の国としての立ち位置が違うからだ。

たとえば、昨年のロンドン五輪では、新規開業したホテルは非常に少なかった。会場がイーストエンドという下町エリアであったこともあるのだろうが、※ラグジュアリーホテルの新規開業はほとんどなく、会場近くに、※バジェットホテルがいくつか開業しただけだった。ロンドンを訪れた私は肩すかしを食ったが、しかし、これが成熟した都市のオリンピックなのかとも思った。

二〇二〇年の東京に求められているのは、アジアの新興都市と同じようなホテルではなく、東洋の都市として初めて成熟のステージを迎えた東京ならではの何かであり、日本ならではの「おもてなし」のありようをかたちとして示すことなのだと思う。

六四年の東京五輪における先人たちの足跡で振り返るべきは、建設されたホテルの数ではなく、誠心誠意を込めて世界の人たちを迎えた心意気ではないだろうか。

（二〇一三年十二月号）

※ラグジュアリー……「贅沢な」「豪華な」の意味。ホテルやリゾート、ブランドなどにつける場合、「高級」とするよりも、単に高価格だけでない、洗練したイメージとなる。

※バジェット……「予算」「経費」の意味だが、形容詞として用いると「低価格」の意味になる。

五年目の「庭のホテル 東京」

二〇二〇年の東京五輪開催が決定し、これからの東京のホテルはどうあるべきか、ひとしきりそうしたテーマの原稿を依頼されたり、質問を受けたりすることが多かった。そんな時、具体例としていつも思い浮かんだのが「庭のホテル 東京」だった。

二度目の五輪を迎える都市に求められるのは、物量的にホテルを増やすことではなく、成熟した都市にふさわしいホテルのありようのはずだ。そのために具体的に必要なこと、それが「庭のホテル 東京」のようなホテルがもっと増えることではないかと考えたのである。それは、何もこのホテルのコピーをつくるという意味ではない。ここのように個性のあるホテルがもっと増えたなら、東京のホテル市場全体がもっと面白いものになるのに、と思ったのだ。

東京のホテルが提供する施設やホスピタリティのレベルは高い。快適性や利便性に関しては、圧倒的に高いと言ってもいい。だが、個性的なホテルが少ない。ロンドンやパリやニューヨークと比較すれば歴然だし、バンコクやシンガポールと比較してもそう思う。

個性的なホテルとは、独自の価値観と美意識を持ち、凛として、それらを共有する顧客を相手にすることに肝が据わったホテルということである。それは、もともとのマーケットが大きい大都市だからこそ、存在しうるホテルともいえる。だが、東京は大都市なのに、そうしたホテルが少ない。かねてからそれを残念に思っていた私にとって、「庭のホテル東京」は新鮮な驚きだった。

二〇〇九（平成二十一）年に開業した「庭のホテル 東京」は、今年（二〇一四年）五月十八日、開業五周年を迎えた。その節目に出版されたのが、総支配人兼代表取締役である木下彩さんの著書『「庭のホテル 東京」の奇跡』である。

これを読んで、あらためて腑に落ちたキーワードがあった。それは、「はじめに」の最後に記された、創業にあたっての基本的な考え方、「どこにもないホテルをつくろう」という言葉である。これは簡単なようでいて、勇気のいる決断だ。「どこにもないホテル」とは、前例のないホテルということであり、そこにマーケットがあるかどうか未知数のホテルということなのだから。

「庭のホテル 東京」は決して、泊まる人を選ぶような極端なコンセプトのホテルではない、エッジの効き過ぎたデザインホテルでもない。テーマとしている「上質な日常」「和」を基調とするモダンなホテル」は、平凡なコンセプトのようにも見える。だが、「非日常」ではなく、「日常」であることへのこだわり、京都の「雅な和」ではなく、江戸の「粋な和」を追求する姿勢には、確固とした信念がある。

開業からの五年間、リーマンショックがあり、東日本大震災があった。決して平坦な状況ではなかったにもかかわらず、ホテルは確実に評価を得てきた。ミシュランのガイドブックで五年連続、二つ星の評価を獲得し、トリップアドバイザーでも東京で十位以内にランクされるという。この快挙は、本のタイトルが示すように奇跡だったのだろうか。

私が「庭のホテル 東京」を初めて訪れたのは、震災から間もない頃のことだ。リーマンショックを経て、外国人客に人気が高まった矢先の震災、そして福島第一原発の事故。海外からの観光客が激減したばかりでなく、国内の宿泊需要も冷え込んでいた。本によれば創業以来、ホテルをもり立ててきた総支配人が退職し、木下さんが総支配人を兼務することになった時期でもあったという。

きっかけは、試泊のお誘いだった。夕食には、木下さんが同席した。季節もののホワイトアスパラガスを使った料理がおいしかったことと、初対面にもかかわらず、旧知のクラスメイトのような感じで話がはずんだことを覚えている。

夜、たまたま余震があったのだが、免震装置を備えた建物は、ほとんど揺れなかった。翌朝、本来ならば駐車場になるべき地下のスペースに免震装置が設置してあると聞いた。独自のスタイルや個性を保つには、何を選び取るかも重要だが、同時に何かを捨てる英断も必要だ。駐車場を捨てて、免震装置をとる。揺れないホテルは、ぶれないホテルでもあることに気づかされた瞬間だった。

その後、決して足繁く「庭のホテル 東京」に通ったわけではない。それでも、ホテルの印象は強烈に残り、何かあるたびに思い出した。

「庭のホテル 東京」は新しいホテルだが、その前身は、木下さんの父親が創業した東京グリーンホテルというビジネスホテルだ。さらにその前身は、祖父母が一九三五（昭和十）年に創業した森田館という日本旅館である。ホテルの名称にもなっている敷地内の庭には、森田館の面影が今も残るという。本の帯に「二児の母が開業した」とあるように、一時はごく普通の専業主婦だったという彼女だが、実は三代続く宿屋の娘だったのである。

さらに特筆すべきは、先代も先見の明があったことだ。東京グリーンホテルの開業は一九七三（昭和四十八）年。ビジネスホテルの先駆けとして、業界で高い評価を得ていたという。

父親亡き後、母親が経営していたホテルを木下さんが継いだのは、三十四歳の時のこと。しかし、その後、わずか二年のうちに母親とその右腕だった常務が亡くなってしまう。さぞかし途方に暮れたに違いないが、そのことが結果的に「庭のホテル 東京」に脱皮するきっかけになったのだから、運命とは不思議なものである。

本の帯にもあるのだが、私もつい「庭のホテル 東京」を小さなホテルと呼んでしまう。だが、二百三十八室という規模は、決して小さくはない。なのに、小さなホテルに思えてしまうのは、アットホームで温かなホテルの雰囲気ゆえなのだろう。

そうした「庭のホテル 東京」らしさは、五周年のお祝いにもあらわれていた。本の出版記念も兼ねてと聞いていたから、花輪が並ぶような大規模なパーティーを予想して出かけていったのだが、こぢんまりとした内輪の会で驚いた。でも、こういうところが、このホテルの個性なのだとあらためて思う。

「庭のホテル 東京」の快挙は奇跡でも何でもない。かつてのグリーンホテルがそうであったように、東京の宿泊業のあるべき姿を少し先取りしただけのこと。だが、それはとても勇気のいることなのだ。


（二〇一四年七月号）

五十年目のホテルニューオータニ

今年（二〇一四年）は、一九六四（昭和三十九）年の東京五輪の開催からちょうど五十年の節目である。

開会式の行われた十月十日は、後に語り草となる程の快晴に恵まれたという。そして、雲一つない青い空に自衛隊のブルーインパルスが白い五輪を描いたのだった。

その約一カ月前、同年九月一日に開業したのがホテルニューオータニである。同ホテルもまた、今年、五十年目の節目を迎えた。

東京五輪に向けて開業したホテルは、ほかにホテルオークラや東京プリンスホテル、東京ヒルトンホテル（現在のザ・キャピトルホテル東急）などがあったが、開幕直前、しんがりを務めるように開業したホテルニューオータニは、新幹線や首都高速道路と並んで、あの熱っぽい時代をもっとも象徴するホテルだったのかもしれない。

絶対的なホテル不足を解消する最後の切り札として、ぎりぎりの工期で着工。工期十七カ月というスピードで、当時、東洋一の規模を誇った超高層ホテルを建てたプロジェクトは、多くの革新的な技術に支えられていた。そのドラマは、NHKのかつての人気番組『プロジェクトX～挑戦者たち～』にも取り上げられた。


工期十七カ月という不可能を可能にした技術とは、建設工事の「プレハブ化」だった。建物の一部を工場で大量生産するという発想は、当時、団地の建設などに取り入れられていたが、ビルへの応用は難しいとされていた。

だが、工期短縮には、これを実行するしかない。建設を請け負った大成建設の若き責任者、竹波正洪は、まずアメリカから「カーテンウォール工法」を採用する。

〈これは、ガラスやアルミ、鉄などを原料とする壁を、現場ではなく工場で一括生産し、天井からカーテンのように「吊す」方法。建物の重みを支えないため、軽くて済み、建物全体の軽量化につながる。超高層ビルには欠かせない技術になっていた〉（『プロジェクトX

〜挑戦者たち〜28 次代への胎動』)

そして、もうひとつ、世界初の実用例となったのが「ユニットバス」だった。従来の工事方法ではもっとも時間と手間がかかる部分だった水回り、すなわちバスルームをまるごと「ユニット」で工場生産するというアイディアである。竹波は、この方法をアメリカの論文から見つけ、実行したのである。

これで計画が間に合うと現場が安堵していた頃、さらなる追加注文があった。ホテルニューオータニの創業者、施主の大谷米太郎の「最上階に、世界一大きい回転ラウンジを」というリクエストだった。

米太郎は、当時、八十一歳。大相撲の力士出身という一風変わった経歴を持つ実業家だった。しばしば大相撲関係者の結婚式がホテルニューオータニで開かれてきた背景には、こうした関係があったのだ。

相撲から転身したきっかけは巡業先で見た鉄工所だという。苦労の末、全国に六つの工場を持つ「鉄鋼王」となる。そうして莫大な富の一部で都心の一等地に土地を取得。当初はホテルにする心づもりなどなかったというその土地が、ホテルニューオータニの敷地となったのである。

その大谷米太郎の無謀ともいえる注文を実現したのが、戦艦大和の砲台を廻した技術だったという。太平洋戦争当時、世界一の戦艦だった大和の巨大な砲台を滑らかに回転させた技術力が、後にホテルニューオータニの「顔」となる回転ラウンジを誕生させたのである。

ベストセラーとなり、映画化もされた小説『人間の証明』で、物語のキーワードとなる「麦わら帽子」は、この回転ラウンジがヒントとなっている。ちなみに作者の森村誠一は、かつてホテルニューオータニに勤務していた経歴を持つ。巨大な回転ラウンジは、自身の職場だったホテルのアイコンとして、作家の脳裏に刻まれていたに違いない。

『プロジェクトX』のストーリーは、後に作家となった森村誠一ほか、当時のホテルニューオータニに集まった若い従業員たちのことにも触れているが、彼らを束ねた初代総支配人のことは語られていない。

同時期に開業した東京ヒルトンホテルのように、ホテルニューオータニも当初は、外資系のシェラトンに運営を任せる予定だった。しかし、結果として、そうならなかった。独自の運営を可能にしたのが、岡田吉三郎という人物の存在である。

当時、東京のあるホテルで役員をしていた岡田は、もともと箱根の富士屋ホテルの出身だった。実質的な二代目として、同ホテルの名声を築き上げた伝説的ホテルマン、山口正造のもとで、彼はそのホテル哲学を受け継いだ。

岡田が富士屋ホテルを去った理由は、一九四四（昭和十九）年に正造が亡くなった後、経営を引き継いだ山口堅吉と確執があったからだと、聞いたことがある。堅吉は、私の祖父にあたる。

堅吉との微妙な関係性ゆえだったのか、私は直接、岡田吉三郎、その人に会った記憶はない。しかし、彼は決して、堅吉の家族を拒絶したわけではなかった。なぜなら、長いことわが家の東京での定宿は、ホテルニューオータニだったからである。その背景に岡田の配慮があったことは、まちがいない。

早くに亡くなった母と多くの時間を過ごした一九七〇年代のホテルニューオータニは、子供時代の懐かしい記憶として、今も私の心の中に鮮明にある。

なかでもことさらに思い出深いのが、母が大好きだったレストラン「トレーダーヴィックス」だ。

ホテルニューオータニというと、「トゥール・ダルジャン」や「ピエール・エルメ・パリ」など、世界の著名なグルメをいち早く日本に紹介してきた功績を忘れることはできない。その先駆けとなったのが、一九七四（昭和四十九）年に開業した「トレーダーヴィックス」である。

南太平洋の楽園的雰囲気の中で、広東料理やエスニック料理を取り入れたエキゾティックな味覚を提供するサンフランシスコの人気レストラン、そのアジア初上陸だった。

牛肉の串焼きを炎で炙って食べる前菜の「チョーチョー」やほうれん草と牡蠣の「ボンゴボンゴスープ」など、懐かしいメニューの数々は現在も健在だ。

今、私は南太平洋に足繁く旅をするが、その原風景は「トレーダーヴィックス」だったのかもしれない。そして、岡田の師である正造もまた、南洋を愛していた。

（二〇一四年十一月号）

ホテルオークラ東京の価値

かねてから私は一九五〇年代から六〇年代のいわゆるミッドセンチュリーのモダニズム※建築が、海外では評価されているのに、日本ではその価値が気づかれていないことに疑問を感じてきた。

一九六四（昭和三十九）年の東京オリンピック前後の時期、戦後の復興期にあった日本にも多くのモダニズム建築が誕生した。それらの傑作が再びのオリンピック開催とともに価値を見いだされることなく消えようとしているのは、なんとも皮肉な話だ。その代表格がホテルオークラ東京である。建て替えに伴い、取り壊されるというニュースを聞いた時は少なからず衝撃を受けた。だが、無意識の現実逃避か、ことさらにこの話題には触れないできた。しかし、先日、たまたま説明を聞きながら見学する機会があった時、あらためて見る本館ロビーの端正な美しさに胸が詰まった。

帰り道に「ニッポンが誇る名作モダニズム建築全リスト」という特集タイトルが気になっていたカーサブルータスを入手した。案の定というべきか、表紙からしてホテルオークラ東京で、ページをめくるにつれ、ロビーに佇んだ時、ざわざわと胸に去来した感情が、言葉になって立ち上がってくるのを感じた。これは、やはり東京の顔にほかならず、日本の誇りではないのかと。


ホテルオークラ東京が、ほかのモダニズム建築と比べて秀逸なのは、日本的な意匠の取り入れ方が巧みであることだ。

日本のホテルは、歴史上何度となく日本的な意匠と西洋のスタイルを融合する試みと完全に西洋的なスタイルの模倣を繰り返しながら現在に至っている。そのひとつが、富士屋ホテルや日光金谷ホテルに見られる、映画『千と千尋の神隠し』を思わせるバロック的な世界観である。

ホテルオークラの日本美はそうしたクラシックホテルの日本的な世界とは一線を画する。

むしろ近年の旅館やホテルに見る和モダンの先駆けのような洗練がある。和の意匠でありながら、モダニズム建築としても卓越している。

イギリスの雑誌『モノクル』が「セイブ・ザ・オークラ・ホテル」という保存を訴える署名運動を始めているが、こうした動きがもっぱら海外からおきているのも、モダニズム建築に対する理解を考えれば、当然のことなのかもしれない。


一九六七（昭和四十二）年、帝国ホテルライト館の取り壊しにあたっても反対運動があった。それは、海外からざわざわと波が押し寄せているオークラの今よりも、もっと直接的で激しいものだった。ライト館取り壊しの報道とほぼ時を同じくして、文化財の保護修復を専門とする東大名誉教授の新聞投書掲載がきっかけで始まった動きは、やがて「帝国ホテルを守る会」となり、ライト館保存運動として盛り上がっていった。

程なくして反対運動は、一大社会問題にまで発展する。

フランク・ロイド・ライトという二十世紀を代表する巨匠の作品であったこと、さらにその未亡人、オルギヴァンナが存命であったことも大きかった。

ライト館保存運動は、オルギヴァンナの来日によりクライマックスを迎えた。彼女は「守る会」主催の講演会でスピーチをし、剱木《けんのき》文部大臣に面会し、さらに美濃部東京都知事にも会った。やがてジョンソン大統領夫人と協力して募金を始めると公言したオルギヴァンナの言葉によって、ライト館保存運動は、にわかに政治的な匂いを帯び始めた。

最終的に明治村にロビー部分を移築するということで決着したのは、佐藤栄作首相が訪米した際、記者会見で発言したことがきっかけだったと言われている。

私は以前『帝国ホテルライト館の謎』を執筆する際、これらの顚末を取材した。その時、思ったのは、効率性や収益性が重視されるホテルにおいて、建築の芸術性は相反することがある事実だった。

非効率的であり、使い勝手が悪いことにおいて、ライト館は、おそらくホテルオークラ東京の老朽化などの比でなかった。砂漠地帯のアリゾナに本拠地を持っていたゆえなのか、ライトの建築は、雨漏りがよくあることで有名だった。実際、ライト館のロビーでも雨が降るとバケツを持ってスタッフが走り回ったという。ホテルとしては、笑えない笑い話だ。それゆえに当時社長であった犬丸徹三は、ライト館完成のわずか九年後には、すでに改築案を出している。

現在、ホテルオークラ東京の建て替えを進めている株式会社ホテルオークラもかつての犬丸徹三と同じく、ホテルの効率性、収益性をめざした結果の決断であったに違いない。

しかし、一方で芸術的な建築はホテルの「顔」となり、またとないPRの素材ともなる。犬丸徹三は、ライト館を取り壊し、理想とする効率的な建物を建てたが、皮肉なことにライト館の幻影は今も帝国ホテルのアイデンティティであり続けている。二〇〇五（平成十七）年にライトの後継者による財団、タリアセンの協力を得て「フランク・ロイド・ライト・スイート」を造ったことからもわかるように、それはホテルの魂というか、核のようなものなのだと思う。ホテルオークラ東京の建築やデザインもまさにオークラというホテルのアイデンティティである。私がロビーで感じた胸がざわつくような感覚は、この建築やデザインを失うことで、ホテルとしてのアイデンティティを喪失してしまうのではないかという危惧だった。

ライト館の時代から半世紀近くが過ぎて、時代は当時よりずっと本質的なもの、本物を尊ぶ風潮になっている。確かにアジアの新興国に目を向ければ、斬新な高層ビルのホテルが多くある。だが、一方でクラシックホテルを保存する意義もより認識されている。先にあげた富士屋ホテルなどは、いかに非効率な部分があろうとも、古い建物を修復して大切に使い、決してそれを壊さない。それは、建物こそが、ホテルとして他に対抗できる商品価値であることを知っているからだ。

六十年代のモダニズム建築のホテルに価値が見い出される時代も、すぐそこまで来ているのではないか。海外の識者からの助言で象徴的にそれを残すことで、日本人もモダニズム建築の価値に気づくことだろう。その時、ホテルオークラ東京は、数多あるホテルの中で、唯一無二のブランド力を得るのだと思う。

（二〇一五年二月号）

※モダニズム建築……19世紀の装飾的な建築様式を否定し、20世紀前半に成立した機能性、合理性を追求した建築様式。

ホテルオークラの「八・三一」

二〇一五（平成二十七）年八月三十一日、ホテルオークラ東京の本館が建て替えのため閉館した。

八月後半、すでに日常の静寂を失いつつあったが、最後の一週間、それは、ついに社会現象となった。

それ以前にも、週刊誌には取り上げられていたが、二十六日、朝日新聞夕刊のトップ記事になったのが、ひとつの契機だった。ほぼ時を同じくして、読売新聞でも大きく記事になった。ついに閉館は、そこに思い出のある者だけの出来事ではなくなった。

ＮＨＫの「ニュースウォッチ９」から出演依頼の連絡が来たのは、二十九日（土曜日）の朝である。そのあたりのタイミングで、午後九時のニュースで取り上げることが決まったのだろう。電話をしてきたのは、ホテルのことなどまったくわからない、といった感じの記者だった。

そして、当日の午後、オークラのロビーは、事件現場と化していた。

テレビカメラだけでも、いったい何台あっただろう。あちらでもこちらでも撮影している。日本のテレビ局の取材風景を撮影する外国のテレビ局がいる。顧客に思い出を聞こうとインタビューをして「今日、初めてオークラに来たんです」との答えが返ってきて困惑するチームもいる。もう何が何だかわからない。

午後六時、混沌の中でフィナーレコンサートが始まった。何重もの人垣が取り囲む。中二階からは、テレビ撮影用の音声マイクが何本も枝のように突き出ていた。

午後七時半にコンサートが終わると、一般公開された宴会場「平安の間」などに人々が流れてゆく。だが、ロビーの混雑は続いている。

私は、NHKの収録を終えた後、週刊誌のグラビアチームと合流して取材を続けた。そして、私自身もカメラを構える。この歴史的な一日を記録にとどめておくために。

テレビのニュースでは、著名なゲストとして、ダイアナ元妃とチャールズ皇太子やマイケル・ジャクソンを取り上げていたけれど、オークラを愛した人たちは、内外の文化人や経済人に数知れずいる。

拙著『アマン伝説』（文芸春秋）の取材をしていた時、創業者エイドリアン・ゼッカのロングインタビューが実現したのもここだった。滞在しているホテルが便利だからと、あちらからの指名だった。当時、エイドリアン・ゼッカの東京での定宿もホテルオークラだったのだ。

私の大学の恩師、慶應義塾大学商学部の故村田昭治教授も、大変なオークラファンだった。卒業後、教え子の結婚式はホテルオークラでなければ出席しないらしいと、私たちはよく噂した。実際は、そうでもなかったようだが、そのためにオークラで式を挙げた同級生もいたのではないか。そういえば、私が大学を卒業した一九八五（昭和六十）年三月、オークラは『Euromoney』誌で「世界一のホテル」になっている。生前の恩師と最後にお目にかかったのは、奇しくもホテルオークラ開業五十周年のパーティだったと思い出す。

午後九時半、レストランがラストオーダーになる頃、本館と別館を結ぶ地下通路では、引っ越しが始まっていた。和食「山里」の着物を着た女性たちが、大切そうに備品を持って行き交い、中国料理「桃花林」の中華鍋が台車に載せられて、しずしずと運ばれてゆく。本館閉館の六時間後、九月一日午前六時には、改装のため閉館していた別館が再オープンする。ホテルオークラ東京の歴史は、一日も休むことなく続く。

午後十一時、ついに閉館へのカウントダウンが始まった。まず正面玄関、次いでロビーと、切り子型の飾り玉を模した「オークラ・ランターン」の明かりが消される。

「五十三年間、ずっと点し続けられた明かりなのよ」と、感慨深げな声が聞こえる。

本当は、東日本大震災の電力不足以来、深夜は消されてたというが、それもまた歴史の一部だ。

オークラ・ランターンの明かりが消えた頃、ロビーに隣接する「オーキッド・ルーム」から最後のお客が、料理長に見送られて出てきた。

午後十一時五十分、ついに残っているお客への声かけが始まった。

「ホテルオークラ東京本館は閉館致します。ありがとうございました」

ロビーに座っていた人たちが一人、また一人と玄関に向かう。いつしか玄関前には、従業員がずらりと並んでいる。午後十二時、最後のお見送り。そして、正面玄関にロープが張られた。

人のいなくなったロビーでは、混乱のなか「梅の花」の配置が乱れてしまった椅子やテーブルを、誰が声をかけるともなく、定位置に戻していた。もうここにお客を迎えることはないけれど、それがオークラに働く者の美学なのだろう。ロビーにはいつも「梅の花」が咲いていなければならない。

そして、従業員の記念撮影のためにオークラ・ランターンの明かりが再び点された。池田正巳社長の訓示は、短く簡潔だった。ホテルオークラ東京は過去を振り返らず、未来に進む。そして、一九八五年にそうだったように、再び「世界一のホテル」になる。新本館開業までの四年間は、そのための時間であると。

拍手とともに合同の写真撮影が終わっても、まだ記念撮影は続く。誰もがいい笑顔だった。仲間同士で、あるいは先輩と。総料理長は一緒に写真に収まりたい女性たちからひっぱりだこ。バーテンダーたちは、オーキッドバーの前に並んだ。

「あと五分で消灯します」の声が響く。今度こそ本当の消灯。そして、歴史的な一日は締めくくられた。

でも、余韻は思わぬところで続いた。玄関前から乗車したタクシーの運転手がオークラファンだった。

「私たちは玄関前にいる方たちとしか接しませんが、ほかのホテルと何か違うんですよね。VIPの方とも、その運転手の方とも、とても親しげに話をしている。社長のような偉い方がお客さまを玄関まで見送りに来られるのも、オークラならではのことだと思います」

彼の熱弁は続いた。

ホテルオークラの八・三一。なぜここまで熱狂的な社会現象となったのか。モダニズム建築と日本の伝統美の意匠だけでなく、そこに魂が宿っていたからだと気づかされた。

（二〇一五年十月号）

——二〇一九年九月十二日、ホテルオークラ東京本館はThe Okura Tokyo（オークラ東京）として再開業する。

閉館当日のホテルオークラ本館外観

ホテルオークラ本館、閉館直後のロビーにて

第二章

美しき日本への断想

マレビトの言祝ぐ日本

日本に行くならどこに行きたいか、海外で外国人と話をしていて「雪の中、温泉に入るサル」と即答されたことが二回くらいある。

という話をしたら、最近、まったく同じ話を二回くらい聞いたと、本誌「月刊ホテル旅館」の編集長に返された。

長野県の地獄谷温泉のことだろうか。知識としては知っているけれど、私も行ったことはない。一時期の築地ブームに続いて、今、憧れの日本は、日本人の想像を超えたところに存在するのかもしれない。

そう思っていたら、インバウンドの動向についていつも興味深い情報を発信しているテレビ東京の『ガイアの夜明け』で、「温泉に入るサル」のネタ元らしきウェブサイトのことを紹介していた。月間アクセス数がなんと六百万回以上、そのサイトをJapan_guide.comという。

代表を務めるのは、群馬県藤岡市在住の三十八歳のスイス人だ。日本人の奥さんと外国人社員二人のたった四人で、この超人気サイトを運営している。九五年に初来日。以来、日本の魅力に取り憑かれ、北は北海道のオホーツク海から南は西表島まで、日本各地を旅して、ガイジン目線の日本ガイドを世界に発信してきた。ウェブサイトのスタートは二〇〇三(平成十五)年、特に個人旅行の欧米人からは圧倒的支持を受けているらしい。

紅葉のシーズンになれば、リアルタイムに詳細な情報を掲載し、東北の被災地の復興した観光地の情報なども積極的に発信する。サイトを見ていると、日本というのは、こんなに魅力的な国だったかと、あらためて気づかされる。

日本が外国人観光客の誘致に本腰を入れ始めて、もうずいぶんになる。だが、いつも出てくる意見は、問題点の羅列ばかりだ。つまり、私たちは、何が足りなくて、何が間違っていて、何を反省しなければならないのか、そんなことを言い合ってばかりいる。こんなに自慢できるものがあるから、大いに発信しようとか、そういう話にはならない。そして、いつも外国人に指摘されて、初めて気づく。「あれ、こんなものが面白いんですか?」と。

灯台もと暗し、という諺があるくらいで、誰しも自分自身のことは客観視できないものだ。しかし、それにしても、日本人というのは、つくづく、よく言えば謙虚、悪く言えば自虐的、悲観的な国民だと思う。

バブル崩壊後、確かに、景気は低迷し、格差も拡大しているかもしれない。しかし、世界に目を向ければ、日本よりずっと経済がどん底で、激しい格差と貧困に苦しむ国がある。そもそも若者が内向き志向なのは、あまりに日本が便利で居心地がいいからなのに、誰もそのことをプラスには語らない。

ロンドン五輪の開幕式のパフォーマンスで、病院のベッドのようなものが出てきて、子供たちと看護師さんが踊っていたシーンを覚えているだろうか。あれは、イギリスの医療保険制度は凄い、ということを世界にアピールしたものだった。たとえば高額な民間保険に入らざるを得ないアメリカの医療保険制度などと比較しての自慢なのだが、それを言ったら、日本の医療保険制度だって同じくらいすごいはずである。だが、もし東京五輪が誘致されたとして、そんなことを自慢する感覚が日本人にあるだろうかと思う。

自分たちの長所が見い出せない、というのが日本人の国民性なのだとしたら、いっそのこと、日本のどこが魅力的で、面白いかを発掘する作業は、徹底的に外国人の力を借りてはどうだろうか。

以前、オーストラリア・クイーンズランド州の観光局が、ハミルトン島というリゾート地で、ブログを発信することを条件に、島に無料で滞在できる権利を「島の管理人募集」として募り、大きな話題を呼んだことがあった。

たとえば、日本の自治体も同じようなことをやってみてはどうだろうか。往復の航空券を提供し、古民家のひとつも改装して、ガイジンに住んでもらうのである。農家の手伝いをしたらお小遣いくらいは支給しよう。もちろん条件は、そこからブログを発信することだ。名も知れぬ寒村が、思わぬ人気観光地になるかもしれない。

海外を旅していると、これだけデフレが問題視されているにもかかわらず、日本は物価が高いという妄想がいまだ存在することに驚かされる。特に若い人の間では、日本に興味はあるけれど、お金がないので行けないという声をよく聞く。こうした募集があれば、きっと興味を持たれるに違いない。

うちの村や町には何もない、と思うかもしれない。だが、ガイジンの目から見たら、見慣れた風景や退屈な日常の中にこそ、思わぬ「本当の日本」が眠っているのだと思う。どこに第二の「サルが入る温泉」が埋もれているかわからない。

民俗学者の折口信夫によれば、日本文化には、マレビト信仰という思想があるという。マレビトとは、「稀に訪れる人」から転じた言葉で、異界から訪れる神、さらには旅人という意味でもある。

たとえば秋田のなまはげなどが、その一例だ。マレビトは異界の神であるから異形の姿をしている。そして、マレビトの来訪によって、共同体の災いが払われ、福がもたらされると信じる。あるいは、マレビトが土地を言祝《ことほ》ぐことによって、豊作がもたらされると考える。

マレビト信仰は、同じ顔ぶれで毎日、地道に稲作を営む共同体を再生するものだった。

外国から来たもの、外国で認められたものをありがたがる日本人の風潮に、今もマレビト信仰は根づいているのかもしれない。ガイジンに褒めてもらうことで、物事は初めて価値のあるものになるのだ。

明治時代以降、多くのマレビト（ガイジン）が日本にやって来て、それぞれの時代に失われかけた文化を再発見し、言祝いだ。『日本奥地紀行』のイザベラ・バード、『怪談』の小泉八雲、近年では『美しき日本の残像』のアレックス・カーなど。それによって、日本文化は、しばしば見直され、再生してきた。こうした事実を自覚することで、新しい戦略が生まれてくるのではないだろうか。

Japan_guide.comにあふれる、ありがたいマレビトの言祝ぎを見ていると、日本ほど多様な自然と文化に恵まれた美しい国は、世界にないのかもしれないと本気で思えてくる。

（二〇一三年二月号）

珊瑚礁とクジラの海、ケラマ

今年（二〇一三年）七月三日、私が慶良間《けらま》諸島の座間味《ざまみ》に滞在していたその日、今年度中に沿岸海域が国立公園として指定されるというニュースが報道された。

新規の国立公園指定は、一九八七（昭和六十二）年の釧路湿原国立公園以来二十六年ぶり、全国で三十一番目の国立公園になるとのことだった。

沖縄タイムスや琉球新報といった地元紙は、こぞってトップ記事で報じていた。村長が率先して国立公園の指定に向けて活動してきた座間味村役場を訪ねると、全国紙でもニュースが大きく取り上げられたと、笑顔で報告された。

私はかねてから、しばしば一緒に海外取材に出かけるカメラマンからケラマの海の素晴らしさを聞いていた。彼とは世界の名だたるダイビングポイントに行ったけれど、旅先で出会った外国人に決まって彼は日本にもすばらしい海があると自慢する。明るい浅瀬に広がる珊瑚礁、冬になるとやってくるザトウクジラ。それがケラマの海だった。

何度となく話を聞くうちに、一度は訪ねなければと思っていたのだが、それにしても、こんなタイミングに巡り会うとは思わなかった。


慶良間諸島は、那覇から西に約四十キロ、大小二十余りの島々からなる島嶼《とうしょ》群である。沖縄本島に近い渡嘉敷《とかしき》島を中心とする渡嘉敷村と、座間味島、阿嘉《あか》島を中心とする座間味村に自治体は二分され、フェリーや高速船もそれぞれに運航している。ダイビングやスノーケリングをする人たちの間では有名だが、石垣や宮古のある八重山諸島に比べても、一般的な知名度は高いとはいえない。いずれの島も宿泊施設は、民宿やペンションがほとんどで、大規模なリゾートが存在しないのも知名度が低い理由なのだろう。

座間味で泊まったのは、私をケラマに誘ったカメラマンの定宿だった。その名を「沖縄リゾート」という。座間味では、ダイビングサービスを併設した宿の先駆けで、ダイビングブームに沸いた九十年代は、多くのダイバーで賑わったというが、いつしかブームは去り、気心の知れたリピーターだけが集う宿になっていた。

ところが、近年、にわかに外国人客が急増した。それもヨーロッパを中心とする欧米人が圧倒的に多い。ミシュランのグリーンガイドで、座間味が二つ星の評価を受けたのが理由という。ミシュランの評価で一躍、外国人に人気の高まった観光地といえば、東京近郊の高尾山が有名だが、どうやら座間味も同じらしい。

そして、私たちは、スウェーデン人とスイス人のダイバーと一緒に海に出ることになったのである。


ボートの上でスウェーデン人の青年に、なぜ座間味に来たのか聞いてみた。

「他の人が行っていない南の島に行きたかったから」と彼は答えた。

たとえば、タイのプーケットなどは北欧でも知名度が高く、旅行に出かける人も多い。そうではなくて、まだ観光地として手垢のついていない南の島に行きたかったのだと。座間味は、まさに理想の島だと彼は微笑んだ。「きっとまた帰ってきたい」とも。

今や宿泊客の八割以上が外国人という「沖縄リゾート」だが、外国人向けの特別なサービスがあるわけではない。素泊まりが基本の簡素なコテージスタイルの部屋。朝食や夕食は予約による別料金。あえて言うならば、そうしたシンプルなスタイルが、気ままな旅を好む彼らに合っているのだろうか。

夕食の席でも一緒になったスウェーデン人青年は、慣れた箸使いで、もずくの酢の物やイカの刺身をおいしそうに食べていた。

夜の帳《とばり》が下りた後、オーナー自慢のアクティビティ「ミステリーツアー」が始まった。懐中電灯を手渡され、オーナーの運転する車に乗って、島のあちこちを巡る。夏の夜、芳しい香りとともに咲くサガリバナの開花を観察し、蛍を探す。

夜の漁港では、何をするのかと思いきや、網を取り出して、光に集まる小魚をすくい始めた。

「醤油とわさびを出して」

オーナーが同行の奥さんに声をかける。ツアーのハイライトは、なんと網にかかった小魚や小エビの踊り食いなのだった。

外国人には、いささかハードルが高すぎやしないか。

だが、私の心配をよそに、スウェーデン人青年は、何の躊躇もなく、網の中でピチピチはねる透明な小魚をひょいと摑むと、醬油をつけて口の中に放り込んだ。

スイス人ダイバーのパートナーの女性だけが、しばらく怖じ気づいていたが、みんなが次々に「おいしい」と言いながら踊り食いをする状況に、ついには彼女も目をつぶって、小魚を口の中に入れたのだった。「沖縄リゾート」の外国人ゲストの何でも受け入れる精神には、こちらが驚かされた。

他には日本のどこを旅したのかとスウェーデン人青年に尋ねると、広島と姫路城と草津温泉だと答えた。

ちなみに彼は初めての日本であるばかりでなく、初めてのアジアでもあるという。草津はどういう経緯でたどり着いたのかわからないが、姫路城は以前から外国人観光客が多いし、広島も、最近、欧米人旅行者に人気の観光地である。一見、マニアックな旅に思えたが、よく考えれば、日本の多面的な魅力をうまく組み合わせた賢い選択ともいえた。

その中で一番気に入ったのが、ケラマの座間味だと彼は言う。

集落には商店がひとつきり。ぽつりぽつりと小洒落たカフェも開業しているが、ナイトスポットといえば、地元の居酒屋だけ。プーケットの繁華街の賑わいに比べたら、地味なことこの上ない。しかし、海の青さや透明度、珊瑚礁の美しさは、プーケットをはるかに上回る。そこには、確かに彼らの求める「南の島」があったのだろう。

慶良間諸島の観光開発は、東南アジアのリゾートに比べて明らかに遅れをとったけれど、結果、極上の珊瑚礁と素朴な島の風土が守られた。その宝が世界の人たちに「発見」されつつあるタイミングで、国立公園に指定されたのは幸いだった。自然と共生する観光地のあり方をめざしてほしいと思う。

そして、オーナーと島に通い詰めるカメラマンは、冬のクジラも見なければ、ケラマの海を知ったことにならないと、私と外国人ゲストに言うのだった。

（二〇一三年九月号）

フクシマの呪縛

円安の追い風もあるのだろう、震災後、一時は激減した外国人訪日観光客がV字回復している。だが、一方でいまだ客足の回復しない地域もある。それが福島県だ。

もちろん、復興の象徴となった「スパリゾートハワイアンズ」のように業績の好調なところもある。しかし、こと外国人観光客に関しては、いまだ回復の兆しがないと、先日、私が訪れた会津磐梯高原の観光関係者は嘆いていた。

そして、彼らは決まって同じ話を投げかけるのだった。

「知っていますか？　日本の原発の中で、都道府県の名前が付いているのは福島だけなんですよ」

そう言われて、初めて気づいた。

石川県の柏崎刈羽も、宮城県の女川も、北海道の泊も、茨城県の東海村も、それぞれの名称は、原発のある地名である。よく調べてみると、正確には、あとひとつ、島根原子力発電所があるが、全国で福島第一、第二とあわせて三つだけ、都道県名の名前が冠されている。

しかも、全都道府県の中で福島県は、北海道、岩手に続いて面積が大きく、その土地は東西に横に広がっている。よりによって、その原発が今回、事故をおこしてしまったのだ。あれから二年半の年月がたったが、今なお汚染水漏れなど、原発事故は現在進行形の問題としてある。常にフクシマの名前とともに。

福島県は、浜通り、中通り、会津の三つの地域に分けられるが、一八七六（明治九）年に三県が合併して現在の福島県になる以前は、廃藩置県後、それぞれ浜通りが磐前《いわさき》県、中通りが福島県、会津が若松県と呼ばれていた。

NHKの大河ドラマで放映中の『八重の桜』のストーリーが物語るように、戊辰戦争降伏後の会津藩は辛酸をなめた。領地は没収され、藩主の松平容保は禁固刑となり、会津藩士たちは謹慎処分となった。後に家名存続が許されて、新たに与えられた青森県東部に位置する領地が斗南藩となったが、まもなく廃藩置県となり、斗南県となった後、ほどなく青森県に合併された。

一方、会津藩の旧領地は、明治政府民政局による直轄地となった。その後、廃藩置県によって若松県となったのである。

歴史に「もし」はないけれど、それでも、もし、会津藩が戊辰戦争で敗れることなく、明治維新を迎えていたなら、新政府で有力な立場だったなら、領地の大きさからして、もうひとつ独立した県が誕生していたかもしれない。福島県の成り立ちを紐解きながら、ふとそんなことを考えたのも、今、福島がフクシマとなったからだろう。

広島がヒロシマとなったように、福島はフクシマとして、世界にその名を知られるようになってしまった。ヒロシマの場合は、原爆投下されたのがまさに広島市だったが、フクシマは、ピンポイントに原発のある土地の名前ではない。

距離的には遠く離れた会津も同じ福島県であることから「フクシマ」でくくられている。

ＮＨＫ大河ドラマ『八重の桜』の幟があちこちに立てられ、一見、観光が盛り上がっているように見える会津で、人々の心の底には、フクシマの呪縛があった。

その土地がどのようにくくられて、一般的にどう呼ばれるかということは、観光政策において、実は重要なキーポイントである。世界には、その地域のピンポイントの名前が、その観光地が属する国の名前を超えて有名になることがしばしばある。

たとえばアジアンリゾートの代表格であるバリ島。宗教もヒンズー教で、イスラム教徒の多い首都ジャカルタのあるジャワ島などとは異なる独自の文化があるのだが、それにしても、バリは、あくまでもバリであり、「インドネシアに行く」とは、誰も言わない。


そうした例にならい、ユニークな発案をするホテルオーナーがいた。

磐梯山の北側、裏磐梯は、一八八八（明治二十一）年の大噴火による岩なだれで川がせき止められ、生まれた大小三百余りの湖沼群が独特の景観を形づくっている。その風景から、このエリアを「日本の湖水地方」と命名してはどうかと言うのだ。

言うまでもなく、湖水地方（レイク・ディストリクト）とは、英国のイングランド北部、スコットランドの南に広がる、大小さまざまな湖が点在するエリアだ。ピーター・ラビットの物語の舞台としても知られる、世界的に有名な観光地である。もともとは「カンブリア地方」と呼ばれる地域だが、今や誰もそうは呼ばない。「湖水地方」として、すっかり有名になっている。

なるほど、言われてみると、裏磐梯の風景も、まさに「湖水地方」である。単独の湖が美しい風景は世界に数多くあるが、大小の湖沼が点在することによって織りなされる風景は、どこにでもあるものではない。

イギリスの「湖水地方」にならい、裏磐梯も日本の「湖水地方」として世界的に有名になることで、フクシマの呪縛を払拭したいという思いがあるのだろう。

磐梯山の噴火に関する展示がある磐梯山噴火記念館に足を運んだ。

日本の「湖水地方」のエリアは、一八八八年の噴火による最大の被災地だった。あたり一面は荒れ野原となり、せき止められた川の水が押し寄せて、集落が水底に沈んだ。

現在の美しい景観は、この大災害あってのことだったことをあらためて学ぶ。荒廃した土地に人々は植林して緑を再生させ、さらにそのエリアを国立公園に指定して、現在のような観光地に発展させたのである。

最大の湖である桧原湖には、水底に沈んだ集落を忍ばせるものが今もある。それは、神社の鳥居だ。湖の水位が下がった時だけ、その全貌をあらわすという。

自然の驚異は、時に人々に災いをもたらすが、結果として、人の力では成しえない美しい自然景観を生み出すこともある。裏磐梯の風景は、その奇跡を教えてくれる。

東日本大震災によって、私たちはそうした自然の厳しい一面をまさに見せつけられたわけだが、二年半の年月がたって思うのは、今なお現在進行形の災害が続いているのは、原発という人間が生み出したものに起因する被害であるということだ。

かつて自然災害を乗り越えて風光明媚な観光地となった裏磐梯は、フクシマの呪縛を払拭する何かを見つけることで、新たな未来に踏み出そうと模索していた。

（二〇一三年十月号）

命をつなぐ「おもてなし」、再び

二〇一六（平成二十八）年四月十四日、午後九時二十六分、熊本県熊本地方を震源とするマグニチュード六・五の地震が発生した。最大震度七。大きな地震ではあったが、当初、被害は限定的で、気象庁は「余震に注意するように」と発表した。

ところが、その二十八時間後、十六日の一時二十五分、同じく熊本地方を震源とするマグニチュード七・三の地震が発生。まさか「本震」と信じた地震の後に、それを上回る地震がおきるとは、誰もが想定していなかった。

地震活動は阿蘇、大分にまで広がり、甚大な被害となった。最初の地震は「前震」であったと気象庁が訂正したのは後日のことである。私たちは、五年前の東日本大震災に続く「想定外」に遭遇したのだった。

東日本大震災の時、ホテルや旅館が果たした役割は、全旅連（全国旅館ホテル生活衛生同業組合連合会）がまとめた『命をつなぐ「おもてなし」』に詳しい。

震災時、旅館やホテルの役割は、大きく二つあるという。すなわち、まず震災発生時において「命を守る拠り所」となること、そして、災害の二次避難所として、また復旧に携わる人たちに休息と癒やしの場を提供することだ。

それらがメディアで報道されることは少なかったけれど、裏舞台で旅館やホテルは、確実に人々の「命をつなぐ」役割を果たした。それを記録しておく必要性から、この本はまとめられた。

自発的な避難所として奮闘した被災地の旅館、二次避難所として被災者を長期に受け入れた近県の旅館。自らも被災し、あるいは風評被害などによる経営危機に直面しながらも、温かく迎え入れた被災者との交流の記録が胸を打つ。

「フラガール」で有名な「スパリゾートハワイアンズ」などはしばしば報道されたが、報道されることのなかった多くの旅館やホテルが、それぞれの立場で、まさに「命をつなぐおもてなし」を実践していたのだ。

旅館やホテルには、食料や物資が備蓄され、快適な居住空間を提供できる「シェルター」としての役割がある。さらに日常的に大人数に対処することにも慣れており、ポテンシャルとして、優れた避難所となりうる機能が備わっている。私は以前、『消えた宿泊者名簿』（新潮社／文庫版『クラシックホテルが語る昭和史』）において、戦時におけるホテルの役割を書いたことがあるが、非常時における「シェルター」の役割について、たび重なる震災は、あらためて考えさせられる。

東日本大震災において、旅館やホテルが二次避難を受け入れる体制が整ったのは、震災発生から約一カ月後のことだった。それと比較すると、今回の熊本地震の初動は早かった。地震発生後まもなく、観光庁から全旅連などに二次避難の受け入れ要請があり、迅速な対応がなされた。経験が生かされたのだろう。

だが、まだ問題もある。情報が周知されていないことだ。千五百人規模の受け入れを決めながら、数十人の利用者しかないことなどが、報道されている。せっかく早期に受け入れを決めても、利用者が少なければ意味はない。ＳＮＳを見ると、こうした公的援助以外にも、黒川温泉など、無料入浴を提供するところ、県内被災者向けの特別料金を設定する旅館など、独自の支援も多くある。だが、これらもいかに被災者に情報を届けるかが課題だろう。

今回の熊本地震でも、早くに犠牲者が出て問題となったエコノミークラス症候群など、過酷な状況での避難生活は、地震で救われた命を危険にさらす。適切な二次避難は、直接的に命を救うことにも貢献する。今後の課題は、震災時に周辺の宿泊施設が被災者を受け入れる体制を作るとともに、そうした体制の存在を平時から人々に知ってもらうことではないだろうか。

旅館やホテルで、一息ついて、入浴して、温かい食事をとり、足を伸ばして眠る。こうしたことが直接的に「命をつなぐ」ことになり、生きる活力と立ち上がる気力を生み出す。その重要性を周知徹底することは、すなわちインフラとしての宿泊産業の存在価値を知ってもらうことでもあると思う。

一方、先にあげた二つの役割のもうひとつ、つまり一次避難所としての役割のほうは、いまだ仕組みが確立されていない。避難所の多くは学校の体育館などで、それらは、そもそも人が寝泊まりする「生活」を前提としたものでないため、避難生活はプライバシーもなく、過酷なものになる。また学校が避難所になり、教師が対応に追われることで、避難生活の長期化は、子供達の教育にも支障をきたす。今回の熊本地震でも、これまでの震災と同様、そうした問題が指摘されながら、しかし、まったく解決されていない。

『命をつなぐ「おもてなし」』は、耐震など必要な課題をクリアすれば、旅館やホテルこそ、一次避難所として適切な条件を備えていると提言する。だが、指定避難所でないと、物資も情報も届かない。今後の重要なキーワードは、地方自治体との「避難者受け入れ協定」だ。

旅館やホテルは「シェルター」として人々の命をつなぐ役割を持つと同時に、観光業という災害の影響を大きく受けやすい産業でもある。GW前に新幹線が全面復旧して、希望の光となったが、※インバウンドが躍進し、観光が一大産業の九州にとって、今回の震災は、直接的な被災地でなくとも長期的な影響が懸念される。日本の観光業全体で、九州の観光を盛り上げ、復興をサポートしていく必要があるだろう。

ただ、東日本大震災と比較して唯一救いなのは、放射能汚染の問題がないことだ。インバウンドが活況を呈する昨今だが、福島県ではそれが極めて低い伸び率にとどまっていると聞く。それは放射能の影響がない内陸の会津地方などでも同じで、海外における風評被害は、いまだ続いていることを実感させられる。

私はことさらに反原発の立場ではないが、今回、動いた活断層の南と北に原発があり、しかもそのひとつが稼働中というのは、不安を禁じ得ない。相次ぐ「想定外」。東日本大震災の直後、アイヌの長老から聞いた「自然はカムイ（神）が造るもの。人が想定してはいけない」との言葉が、あらためて重く響く。

（二〇一六年六月号）

※インバウンド……旅行業界では、日本に訪れる旅行を意味する。これに対して、日本から海外を訪れる旅行をアウトバウンドと呼ぶ。訪日外国人旅行者の増加で、一般的な用語になりつつある。

雪の国、ニッポン

〈国境の長いトンネルを抜けると雪国であった。〉

ノーベル文学賞作家、川端康成の小説『雪国』は、この印象的な一文から始まる。

「国境の長いトンネル」とは群馬県と新潟県の間にある上越線の清水トンネルのことを指す。その後、戦後になって新清水トンネルが、さらに上越新幹線の開通にあわせて大清水トンネルが開通したが、今も冬、上越新幹線に乗車すると、この文章通りの状況がある。

群馬県の安中榛名駅のあたりまで、冬枯れの土っぽい色の風景だったのが、トンネルを抜けると一変し、一面の銀世界となる。新幹線は速度が速いぶん、そのコントラストは目を見張るものがある。トンネルを境に太平洋側から日本海側に気候風土が一変するのである。

今年（二〇一四年）二月、本来なら雪の少ない太平洋側の気候に属する地域に二週間続きの大雪が襲った。特に二度目の大雪は、交通障害、集落の孤立、さらに農業への被害と、今なおその影響が続いている。

山梨、長野、東京の多摩地区など、報道で大きく取り上げられた地域以外でも、近来ない大雪を記録したところは多い。私の出身地、箱根でも仙石原や芦ノ湖周辺など標高の高いところでは一メートル近く、実家のある大平台でも四十センチの積雪があったそうだ。九十歳を超える地元の古老は、興奮した口調で言った。

「会津磐梯山が噴火した年以来の、百二十年ぶりの大雪です。いや、私は生まれておりませんでしたがね」

だが、考えてみれば、トンネルの向こう、日本海側の地域では、こうした大雪が日常的に降っているのである。

もっとも現在の雪国は、雪に対する対策が十分になされていて、道路の除雪なども迅速に行われる。

トンネルを抜けると越後湯沢の駅があるが、降りしきる雪と同時に目を見張るのは、融雪装置の充実ぶりである。今回の大雪で被害が拡大した背景には、雪そのものの多さもさることながら、あらゆる意味で雪に対する備えのない地域を襲った大雪だったことがあげられるだろう。

では、なぜ、トンネルの向こう、日本海側は雪が多いのか。

冬、シベリアから吹く北西の冷たい風が日本海で湿った空気を含み、日本列島の中央を背骨のように連なる山脈に当たって、雪雲となる。そして、雪が降るのだ。

雪の多さは日本国内で屈指というだけにとどまらない。実は、日本の豪雪地帯は、世界でもっとも雪の多い地域でもあるのだ。日本の雪国よりも気温が低く寒い地域ならば、世界にいくらもあるが、これほど雪の多い土地はほかにない。日本は、世界でもまれに見る雪の国なのだ。

今年（二〇一四年）の一月、『雪国』の舞台であり、日本有数の豪雪地帯である上越を訪ねる機会があった。そこで私は、『雪国』にも影響を与えた江戸時代のベストセラー、『北越《ほくえつ》雪譜《せっぷ》』の存在を知った。『雪国』の中にも「昔の本」として登場する本だ。

作者の鈴木牧之《ぼくし》は江戸中期、越後の魚沼郡、現在の南魚沼市の塩沢に生まれた。南魚沼の塩沢といえば、もっとも質のよいコシヒカリの産地として知られる米どころでもある。『北越雪譜』とは、雪国に生まれ育った作者が、雪と闘い、雪と生きる暮らしぶりを書いた、雪をめぐる百科事典のような書物である。

文中には、しばしば「雪国」との比較として「暖国」という表現が登場する。生活のありよう、自然との接し方、ものの考え方、すべてにおいて「雪国」と、雪のない「暖国」では異なると牧之は説く。それが「暖国」の江戸で受け入れられ、この本は空前のブームとなったのである。

背景には、牧之が雪の厳しさだけでなく、美しさについても書いた点があげられるだろう。雪の結晶の姿を初めて紹介したのは『雪華図説《せっかずせつ》』という書物だが、『北越雪譜』にも、ここから写し取った雪の結晶の図版が紹介されている。

ところで、『北越雪譜』の舞台は、新潟を代表するあの人物ともリンクする。田中角栄である。彼の地盤、旧新潟三区は、鈴木牧之の生まれ故郷、『雪国』の舞台となった越後湯沢など、『北越雪譜』に登場する地名がことごとく含まれる。

上越新幹線でトンネルを抜けて、越後湯沢駅に到着すると、融雪装置の徹底ぶりに驚かされるが、昔からそうだったわけではない。大雪の時の保線管理は困難を極め、先日の中央線のように、鉄道はしばしば大雪で立ち往生したという。そんな時、地元の人たちは、当たり前のように乗客のために炊き出しをしたそうだ。

集落が大雪で孤立し、病人が出ても為す術もなかった、というようなことも昔の雪国では、当たり前のようにあった話だという。

それでも「暖国」の人たちは長くそれを災害とは見なそうとしなかった。角栄は多くの議員立法を手がけたことでも知られるが、一九六二(昭和三十七)年の豪雪地帯特別措置法もそのひとつである。翌年のいわゆる三八豪雪では、反対意見を押しのけて「激甚災害」に指定した。土建業者の冬の仕事として道路の除雪が行われるようになり、融雪装置が設けられるのは、これ以後のことである。

ロッキード事件で逮捕後の一九七六(昭和五十一)年、第一審で有罪判決が出た一九八三(昭和五十八)年、それらの選挙は、いずれも十二月の雪の降る日が投票日だったという。角栄は雪の選挙には負けたことがなかった。「暖国」の人々がいくら角栄を糾弾しても、

「雪国」の人々はかじかむ手で角栄に一票を投じたのだ。角栄は、雪の国、ニッポンが生んだ政治家と言うべきなのかもしれない。

考えてみれば、ニセコなどのスキーリゾート、雪見風呂に入るサルなど、近年、脚光を浴びている日本の観光資源は、雪にまつわるものが少なくない。暖かいアジアの国の人々にとって、雪はまさに憧れである。欧米の人たちにとっても、雪をめぐる独特のライフスタイルのある日本は、エキゾティックな魅力に満ちている。

日本は雪の国なのだ。それゆえの困難もあるけれど、だからこその魅力もある。

インバウンドでは、まだまだといった印象の上越だが、角栄の遺産ともいえる充実したインフラと『北越雪譜』の美しい世界観は、今後、大きな飛躍の可能性を持っているのではないだろうか。

（二〇一四年四月号）

佐渡で考えたこと

先日、新潟県の佐渡を訪れる機会があった。某誌で離島の不定期連載を始めることになり、その取材だった。

沖縄を除くと日本最大の島である佐渡は、離島と呼ぶには大き過ぎるが、生態系的にも、文化的にも日本の縮図を感じさせる島であることが決めた理由だった。

飛び石の平日を一日はさんだGW最後の週末。首都圏の観光地の感覚では、まだ混雑が予想される時期である。私は心配して、宿泊の予約を編集者に急かした。ところが蓋を開けてみると、混んでいたのは新幹線までで、宿も往復の佐渡汽船も拍子抜けするほど、空いていた。

以前、佐渡はフランス人に人気が高いとの噂を聞いたことがあった。同じく噂のあった宮島を訪れた時は、フランス人観光客があふれていて驚いたが、佐渡の場合は、これも蓋を開けてみると、佐渡を拠点とする太鼓芸能集団「鼓童」の人気が高いのであって、フランス人が大勢訪れるのは、ピンポイントで「鼓童」の公演が開催される時だけ、という。佐渡の観光は、上越新幹線と関越道の開通、佐渡汽船のジェットフォイル就航に島ブームが重なった平成三、四年頃がピークで、年間百二十万人の来訪者があったという。だが、その後はジリ貧で、現在は当時の半分以下。インバウンドも先の「鼓童」に限定されているのが現状だ。

佐渡といえば、学名がニッポニア・ニッポン、日本を象徴する鳥であるトキの生息地として知られる。日本で最後までトキが棲息していたのは、彼らの暮らせる自然環境が佐渡にあったからだ。トキが暮らす自然とは、人の暮らしと共存する里山であり、田んぼである。

佐渡を何よりも印象づけるのは、水田が多いことである。金山が栄えたことから、大勢の人を養うために多くの水田が切り開かれたのが理由だという。太平洋戦争中でも米に困ることはなかったそうだ。

金山は、もうひとつの佐渡の象徴である。観光のピークは平成の初めだったが、人口のピークは、金山がもっとも栄えた江戸時代だという。当時は、金山のお膝元である相川の町だけで、現在の佐渡全体に相当する五、六万人の人口があった。

島は、中央に尾根のように山脈が走り、海岸ぎりぎりまで山が迫る。そうした地形から発達したのが棚田である。一見、海辺の集落であっても、村は内陸に向かって奥深く続いていて、棚田が広がる。南部の東海岸にある岩首集落の棚田は、象徴的な存在として、世界農業遺産になっている。

佐渡に日本の原風景を感じるのは、これらの水田ゆえなのだろう。佐渡を旅していると、どうしてこんなところまで、というような断崖絶壁や海岸の際まで、ことごとく田が切り開かれている。

田中角栄の地元、新潟県だからか、島の周回道路なども驚くほど整備されていて、基本的なインフラの整備も申し分ない。

それなのに、エコツアーなどもまだ少なく、観光のかたちは、ピークであった二十年前、いやそれ以前の昭和で時が止まっているような印象があった。GW最後の週末というのに、大型バスの来訪がないと、観光地は、どこも人影がまばらだった。

日曜日、朝一番で佐渡歴史伝説館という施設に出かけた。佐渡の歴史や伝説をハイテクロボットで見せる展示なのだが、なかなかよくできていて飽きさせない。だが、観光客の姿はなく、貸し切り状態だった。

ここは、拉致被害者の曽我ひとみさんの夫、ジェンキンスさんの職場としても知られる。曽我さんが拉致された国府川に近い真野にある職場へ、妻の実家に暮らすジェンキンスさんは、毎日、その川を渡って通勤してくる。

伝説館の売店でジェンキンスさんは「太鼓番」というせんべいを販売している。勤務は一日おきの偶数日とのこと。包装紙には、拉致被害者をサポートするブルーリボンのマークが見て取れた。売り上げの二％が活動費に寄付されるという。

伝説館を出て、海岸沿いを北上する。島の北部は手前が内海府《うちかいふ》、外洋側が外海府《そとかいふ》と呼ばれ、景観の美しい海岸が続く。海の青さと透明度の高さにも驚かされた。

以前、南太平洋のパラオに行った時、そこで出会ったダイビングインストラクターが、パラオのオフシーズンである夏、佐渡で働いていると話してくれたことがあった。内海府の北小浦は、佐渡で有数のダイビングスポットである。

海の豊かさは、暖流と寒流の接点であることに起因する。その影響は、海だけでなく、陸上の植生にもおよんでいる。佐渡には、温帯と北海道のような亜寒帯に咲く花が同居する。日本でも有数の花の宝庫なのだそうだ。

内海府を突端まで行くと、その先は外海府。島の北の端には、二ツ亀と大野亀という景勝地がある。二ツ亀にある一軒宿は、駐車場に一台あった大型バスの乗客以外は、私たちだけ。館内は昭和の佇まいが色濃かったが、絶景と夕陽の美しさは圧巻だった。

翌日は、外海府の海岸を金山の町、相川をめざした。この地域は、「安寿と厨子王」や「夕鶴」の舞台となった伝説の里でもある。山が海岸に迫る地勢と曲がりくねった道、海の青さは、イタリアのアマルフィ海岸を思わせた。

アマルフィでは、海の際まで中世からの町並みが迫るが、佐渡の外海府では、海の際まで水田が迫る。自然の景勝地に、それぞれの文化を背景にした人の営みがある点は共通している。異なるのは、外海府には何もないことだった。道路沿いには、食事やお茶のできる店のひとつもなく、商店さえ見当たらない。

棚田の風景と村人が伝統芸能を継承する文化は、インドネシアのバリ島を思わせる。初日の夜に観賞した薪能は、内陸の芸術村、ウブドの夜を彷彿とさせた。

自然や文化のポテンシャルは、アマルフィ海岸やバリ島に遜色がないのに、なぜ佐渡は、現代的な観光のあり方に取り残されているのだろう。観光立国とは、このような地域を世界に知ってもらうことではないか。佐渡を旅して考えたことである。

（二〇一六年八月号）

小笠原の不思議

今年（二〇一六年）七月、小笠原と東京を結ぶ「おがさわら丸」の新造船が就航した。これによって片道で一時間半短縮したが、それでも竹芝桟橋から父島の二見港までは、ちょうど丸一日、二十四時間かかる。地球の裏側まで行けてしまう所要時間だ。

それでいて、品川ナンバーの車が走る東京都。小笠原というのは、何とも独特な立ち位置の島である。

船は通常、六日ごとに一往復である。夏の繁忙期は、三日もしくは四日ごとに一往復となるが、それでも、ひとたび船が欠航すれば三日間、帰る方法はない。

八月、私が乗る予定だった父島発の船も、台風五号の影響で欠航になった。世界各地を旅して、何らかの事情で帰れなくなったこともあるが、それでも三日間の足止めは初めての経験だった。

「おが丸」の愛称で呼ばれるおがさわら丸は、島の人たちにとっても外界とつながる唯一の手段である。船は生活路線でもあり、食料品や生活物資、郵便や宅配便の荷物、新聞や雑誌、時には車やヘリコプターまで運んでくる。

小笠原の生活は、すべて船の入出港を基準に回っている。休日と営業日を入出港日を基準に決める商店や飲食店も少なくない。

そして、すべての出会いと別れは船が介在する。だからなのだろう、出入港時の港は賑わう。出港日は特にである。

小笠原では、誰に対しても「お帰りなさい」と人を出迎え、「いってらっしゃい」と人を見送る習慣がある。その最たるものが、湾の出口まで地元の船がおがさわら丸と併走する盛大な見送りだ。多くはダイビングやスノーケリングなどのアクティビティに使われる船で、スタッフたちは船上から大きく手を振り、最後は派手に海に飛び込んで、立ち泳ぎでまた手を振る。

船上の観光客も自分たちが世話になった船を見つけて、大きく手を振り返す。

「行ってらっしゃい」

「行ってきます」

誰も「さよなら」は言わない。

小笠原の海は、群青色の深い青。無人島（ぶにん／ぶじん）が語源となった英語名、ボニンアイランドにちなんでボニンブルーと呼ばれる。その青い海と渾身の力を込めた見送り。これに感動した観光客は、また帰って来ようと心に誓い、リピーターとなる。


小笠原の観光の特徴は、リピーターが多いことだという。

観光客同士の関係も濃密で、宿泊者同士が学生時代の合宿のノリでつきあいを深める宿も少なくない。出港日の前日、島の飲食店がどこも空いているので不思議に思ったら、打ち上げをしている宿が多いと聞いて驚いた。

そうしたリピーターにとって、おがさわら丸でしかアクセスできないことは、むしろ島を特別な存在にする魅力になっている。打ち上げの続きなのか、帰りの船では、座り込んで宴会を続ける人たちも多かった。

現地に来るまで、小笠原に空港がないのは、自然保護が理由なのだと思っていた。だが、いろいろな人に話を聞いてゆくと、父島には太平洋戦争中、日本軍が整備した滑走路の跡地があり、延長して空港にすることは、さほど環境に影響をおよぼさないという。

では、なぜ空港が整備されないのか。結局のところ、東京都の予算に問題があるらしい。小笠原の空港問題は、都知事の意向に左右されることが多く、ヨットマンでもある石原元都知事は「船でいい」と考えていたそうだ。その後の都政が、小笠原の空港どころでなかったのは、誰もが知るところだ。

島民も七割くらいは賛成と聞いた。反対しているのは、小笠原の自然に惚れ込んで近年、移住した人たちに多いという。

二〇一一（平成二十三）年、世界遺産に登録され、そうした考えがさらに後押しされることとなった。

過去に一度も陸続きになったことのない小笠原諸島は固有種が多い。その生態系が評価されたのだ。世界遺産登録後、固有種を守り、外来種を駆除する計画が盛んになった。自然保護地区では、靴の裏を掃除するブラシなどが整備されている。

だが、世界遺産になって急に保護策が進んだことをいぶかしく思う人もいる。小笠原に人が住み始めてから、さまざまな外来種が持ち込まれ、返還後も長らく固有種が保護されることはなかった。それが今になって、急に外来種を排除しようとしても、時は遅いと言うのだ。実際、外来種を駆除するための仕掛けで、思わぬ固有種が傷つけられることもあり、難しい問題のようだ。

もともと無人島だった小笠原に人が定住するようになったのは、欧米人とハワイ人が入植した一八三〇（天保元）年にさかのぼる。明治以後は日本人の移住者も増えた。歴史上、もっとも多くの人が島にいたのは太平洋戦争中、島民の強制疎開後、日本軍がいた頃だ。一転して無人島に近い状況に戻った時期がある。帰島を許された百三十人余りの欧米系住民とわずかな軍関係者だけが暮らした米軍占領時代だ。もしその時代がなかったら、小笠原が世界遺産になることはなかったと言う人も多い。

小笠原が不思議なのは、これだけ隔絶した離島でありながら、寂れた感じがないことだ。今も若い移住者が多く、過疎と無縁である。

現在、小笠原諸島の住民は約三千人いる。父島が二千三百人、母島に五百人、残りが一般人は渡航できない硫黄島の自衛隊員の二百人だ。その人数で、たとえば小学校の新入生が三十一人いるというのだから驚く。島民の平均年齢は四十歳ほどだという。

同じ宿で親しくなった小笠原リピーターの女性に島の魅力を聞いたら「人」だと答えてくれた。小笠原の人たちは、好きで移住した人が多いから、嫌々生きているような人がいないのがいいという。

ちなみに彼女は泳げない。

小笠原の魅力は、ボニンブルーの海だけではない。確かにそうかもしれない。島に暮らす人たちは、それぞれにさまざまな背景を持ちながら、でも、小笠原が好きということだけは共通していた。


（二〇一六年十月号）

憧れの奥志賀高原は今

日本のスキーブームを牽引した映画「私をスキーに連れてって」が公開されたのはバブル景気真っ只中、一九八七（昭和六十二）年十一月のこと。時期を同じくして、原作のホイチョイ・プロダクションが出版したのが『極楽スキー』（小学館）である。

リゾートとしてのスキー、男女が出会う遊びのシーンとしてスキーをとらえた画期的な案内書で、日本各地のスキー場を星の数で評価していたのだが、燦然と輝く三つ星の評価を受けていたのが奥志賀高原スキー場だった。

評価の背景にあったのが、一九六八（昭和四十三）年創業、今年（二〇一八年）で開業五十周年を迎える「奥志賀高原ホテル」の存在と言ってよかった。

「私をスキーに連れてって」の舞台でもあった志賀高原。焼額山の「志賀高原プリンスホテル」とそのスキー場の開業が一九八三（昭和五十八）年。エリア全体が注目される中、志賀高原の最奥部に位置する奥志賀高原は、雪質の良さと、当時は、宿泊施設が奥志賀高原ホテルのほか一軒しかないプライベート感も相まって、特別感のある、憧れのスノーリゾートだったのである。私自身にとっても奥志賀は、スキーを始めた頃、基礎的な技術を習った思い出深いところだ。

奥志賀を本拠地とする杉山スキー&スノースポーツスクールが誕生したのはホテルが開業する三年前。杉山進氏は、猪谷千春が冬季五輪で日本人初のメダルを獲得した一九五六（昭和三十一）年のコルチナ・ダンペッツオ大会に猪谷とともにアルペンスキーの日本代表として出場した。その後、オーストリアに留学し、そのメソッドを導入しスクールを開校し、今も代表を務める。ちなみに、奥志賀高原に当時からあったもう一軒の宿とは、スキースクール直営の「奥志賀スポーツハイム」である。

その後、一九九四（平成六）年に「ホテルグランフェニックス 奥志賀」が開業。当時、スポーツアパレルのフェニックスの社長だった田島和彦氏が理想のスキーリゾートを建設するという夢を実現したホテルだった。毎年、皇太子ご一家が静養で滞在されるホテルとしても知られている。ロイヤルリゾートでもある奥志賀は、由緒正しい日本のスキー文化を伝承する、日本を代表するスノーリゾートなのである。

だが、スキーブームの衰退、スキー人口の大幅な減少は、奥志賀高原にも影響をおよぼすようになる。奥志賀高原ホテルは同スキー場も含め、地元の長野電鉄の経営だったが、二〇〇七（平成十九）年、同社は売却を決める。

その頃、ニセコではオーストラリア人によるインバウンドブームが始まっていたが、志賀高原は、その波には乗っていなかった。背景として、志賀高原のほかのエリアがスキーブーム衰退後、修学旅行の受け入れに舵を切ったこともあったのだろう。

一旦経営を引き継いだのは野村證券の子会社だった。ところが、翌二〇〇八（平成二十）年、リーマンショックがおきる。その影響で子会社が解散となってしまった。

危機的状況の中で立ち上がったのが、杉山氏とグランフェニックス 奥志賀の田島氏だった。戦前からのエキスパートスキーヤーである田島氏は、リゾート開業以前から杉山氏とはよく知る間柄だった。その頃、グランフェニックス奥志賀も、フェニックスを退社し、ホテルを個人的に買い戻した田島氏のズイカインターナショナルによって運営されていた。スキーブームの衰退、日本経済の低迷という厳しい状況の中、スキーを愛する人たちの情熱で、奥志賀高原は守られたのである。

その後、二〇一四（平成二十六）年に現在のオーナー、犬塚秀博氏に奥志賀高原スキー場と同ホテルの経営は引き継がれた。奥志賀を愛するスキーヤーとして、彼らを知っていた犬塚氏は、生涯の夢であったスキー場経営を思い入れのある奥志賀で実現したのである。

私自身も彼らのようなエキスパートではないが、奥志賀でスキーの手ほどきを受け、そして何よりスキーの楽しさを習っていなかったなら、スキーブームの衰退とともにスキーを止めていただろう。細々とでもスキーを続けてきた原点に奥志賀の体験があった。なのに、長いこと奥志賀を忘れて、ニセコとかに行っていた。

今回、久しぶりに「そうだ、奥志賀高原に行こう」と思ったきっかけは、最近、インバウンドが増えて活気を取り戻しているという噂を耳にしたからだった。

犬塚氏の経営になってから外国人のホテルマネージャーを雇用して、インバウンドの積極的な取り込みを始めている。初代は、元※クラブメッド勤務のエンターテインメントに長けたベルギー人、フレッドで、マジックが得意だった。今シーズンからは、以前、長野に十七年在住した経歴を持つ米国人で、コロラド出身の元スキートレーナー、リチャードが引き継いでいる。

犬塚氏の右腕として副社長、総支配人を努める矢島正三氏は言う。

「ジャパウって知っていますか」

ジャパン・パウダースノーの略だ。現在、約六割を占めるインバウンドの筆頭はオーストラリア、次いでシンガポールや香港などのアジアなどだと言うが、今後は本国にたくさんのスキー場があるアメリカからも「ジャパウ」の魅力で集客したいという。ニセコがブレイクした背景にも雪質の良さがあった。

コロラド出身のリチャードも言う。

「今年、故郷のアスペンは雪不足。奥志賀の雪の写真を友達に送ると、うらやましがる。ジャパウの魅力を知れば、距離の遠さや時差に関係なくアメリカ人も来るはず」

賑わいを取り戻しつつある奥志賀だが、残り四割の日本人客は富裕層のシニアスキーヤーが占める。奥志賀高原ホテルが憧れのスノーリゾートだった時代をよく知る世代だ。

何十年もスキーに親しんできた彼らは、七十歳代になってもヘルメットを被って猛スピードで滑る。長年、スキーヤーズオンリーだったが、昨年からスノーボードが解禁になり、ボーダーも増えつつある。

夏は併設する音楽堂で、小澤国際室内楽アカデミーが開催され、音楽ファンが集まる。冬のイメージが強いが、六ホールのゴルフ場が併設され、ハイキングや渓流釣りなどが楽しめる。話を聞いていたら、夏の奥志賀にも行ってみたくなった。

（二〇一八年四月号）

※クラブメッド……1950年、バカンスの先進国、フランスで誕生し、世界約70カ所にリゾートホテルを展開する。滞在中の食事、アルコールを含む飲み物、アクティビティなど、すべての料金を含むオールインクルーシブの料金形態と、通常のホテル業務だけでなく、スポーツのインストラクターやショーのエンターテイナーとしても活躍、ゲストの滞在を盛り上げるGO（ジェントル・オーガナイザー）というスタッフの存在が大きな特徴。

会津磐梯、湖水地方の雪景色

「スノーモンキー」こと、雪の中、温泉に入るサル

第二章

アジアの風に吹かれて

スリランカ、南アジアの親日国

最近、日本は、東アジアの隣国との摩擦に揺れている。国同士の軋轢は、観光にも影響をおよぼすから、頭の痛い問題である。その根幹にあるのは、戦争をめぐる時代の歴史認識であることは言うまでもない。

だが同じアジアでも南アジアに目を転じると、敗戦後の日本に対して異なる視点を持った人たちがいたことをご存じだろうか。戦後、一部の知識人は、その言葉に大きな力を与えられたというが、残念ながら今、彼らを知る日本人は少ない。

ひとりは極東国際軍事裁判の判事で、唯一全員無罪を主張した判事、インドのラビダノール・パール氏だ。東条英機ら七人のA級戦犯が絞首刑となった東京裁判の違法性、起訴の不合理を訴え、十人の判事のうち唯一全員無罪を唱えた人物である。

そして、もうひとり、戦後の日本の運命を危機から救ったにもかかわらず、むしろ名前を知られていないのが、スリランカのジャヤワルダナ元大統領である。

私は、熱帯建築の創始とされるスリランカ人建築家のジェフリー・バワの取材などで、たびたびスリランカを訪れているが、先日、かねてから話に聞いていた彼の記念館をようやく訪れることができた。スリランカを旅していると、日本に親近感を持つ人が多いことに驚かされるが、そうした心情の源にジャヤワルダナ元大統領の存在があったのだ。

それは戦後、日本が国際社会に復帰した一九五一（昭和二十六）年のサンフランシスコ講和条約での出来事だった。会議にあたり、一部の戦勝国は、日本に対し厳しい賠償や制裁を用意していた。特に旧ソ連の提案は、日本列島を四つに分断して、分割統治するというもの。もしこの案が採用されていたなら、日本は朝鮮半島や東西冷戦下のドイツのように分断国家になっていたかもしれない。

そうした危機から日本を救ったとされるのが、当時、英連邦自治領として独立したばかりだったセイロン（すなわち後のスリランカ）の大蔵大臣として会議に参加したジャヤワルダナのスピーチだった。

〈なぜアジアの人々は日本が自由であることを熱望するのでしょうか。それはわれわれは日本と長い年月にわたる関係があるためであり、これらアジアの人たちが日本に抱く高い敬意のあらわれだからであり、日本が唯一自由で強大な国であった時、指導者および友人として日本を信頼していたからです。

先の大戦で、日本の唱えたアジア共栄のスローガンが人々の共感を得、自国が解放されるとの望みで、ビルマ、インド、およびインドネシアの指導者の中には日本に呼応した人々もいたことを私は思い出します。

わがセイロンの人々は幸運にも直接占領されませんでしたが、空襲や東南アジア指令部に属する大量の軍隊の駐留による被害、また連合軍に対する唯一の天然ゴム生産者であるわが国の主要生産品である天然ゴムの大量採取によってもたらされた損害は当然、賠償されるべきでしょう。しかし、われわれはそれを行使するつもりはありません。なぜならアジアで何百万人もの人達の命を価値あるものにした大師の言葉を信ずるからです〉

戦後賠償を放棄すると宣言したジャヤワルダナは、この後、大師、すなわちブッダの言葉を引用して次のように言った。

〈憎しみは憎むことによって消えることはない、ただ愛することによって消えるのです〉

それゆえに、旧ソ連の示した案に同意することはできないと締めくくったのだった。

一九七二（昭和四十七）年、スリランカと国名が変わって後、ジャヤワルダナは二人目の首相となり、その後、一九七八（昭和五十三）年に大統領制がしかれると、最初の大統領となった。

現在、スリランカの首都は、通称コッテこと、スリジャヤワルダナプラだが、一九八三（昭和五十八）年に遷都を行ったのも彼だった。首都の名称の中にあるジャヤワルダナとは、首都のある地域の名称であると同時に彼の姓でもある。ちなみに新しい首都に建てられた国会議事堂は、私がスリランカに来るきっかけとなった建築家ジェフリー・バワの作品である。

だが、遷都とほぼ時を同じくして、スリランカでは民族対立が激化。その後、事実上の内戦状態は二〇〇九（平成二十一）年まで続くことになる。ジャヤワルダナが亡くなったのは一九九六（平成八）年のことである。

サンフランシスコ講和条約で示された彼の日本に対する思いは、その後も消えることはなかった。国賓として来日し、昭和天皇に謁見したほか、たびたび来日して広島ほか日本各地を訪れている。そして、亡くなる時、二つの目の角膜をひとつはスリランカ人に、もうひとつは日本人に移植するよう遺言を残した。死後もなお、日本とスリランカ、二つの国を見ることができるようにという思いからだった。

そうした日本との特別な関係は、記念館の別館として「日本館」があることに示されている。その壁には、一九五一年のあのスピーチの文章が大きく掲げられていた。

二〇〇九年の内戦終結後、近年の経済発展には目を見張るものがある。背景には、スリランカそれ自体の政治的安定に加えて、インドを含めた南アジアの経済発展がある。リゾートとしての認知度も上がっており、この数年、ベストシーズンにはヨーロッパからの観光客でホテルの予約が取りにくい状況が続いている。だが、日本では、まだまだスリランカというと「内戦は大丈夫ですか」と言われることが多い。仏教関係者や一部のファンを除けば、スリランカはいまだ遠く、未知の国なのだろう。

世界を旅していると、スリランカ以外にも、たとえば南太平洋の国々などに熱烈な親日国があって驚かされることがよくある。

そんな時、日本は、果たしてそうした国々の思いに応えているのだろうかと不安になる。東アジアの隣国との関係ももちろん大切だが、こうした親日国のことをもっと理解していくことも大切なのではないか。ましてスリランカを含む南アジアは、無限の将来性を秘めた地域なのだから。


（二〇一四年六月号）

スリランカ、軍が運営するホテル

アマンリゾーツなど、アジアンリゾートの建築に大きな影響を与えた熱帯建築家、※ジェフリー・バワとの出会いが、私とスリランカの出会いだった。最初の取材は、二〇〇八(平成二十)年のことだったと思う。

当時のスリランカは、まだ北部で内戦が続いていた。バワの代表作がある南西海岸などのエリアは、紛争地域とは離れていたけれど、観光客の数もさほど多くなく、遺跡などの観光がメインの、知る人ぞ知る、といった感じの島国だった。二度目の取材は、忘れもしない二〇〇九(平成二十一)年秋のこと。なぜよく覚えているのかといえば、その年の五月、内戦が終結したからだ。

内戦終結記念の紙幣が発行され、コロンボ市内の百貨店では、内戦終結を祝う絵柄のT

シャツが売られていた。お土産に買い求めた一枚は、「ＪＡＦＦＮＡ」の地名と「Ａ９」という道路番号が書かれていた。ジャフナとは、マンゴの実にたとえられるスリランカの一番北に位置する、北部最大の都市だ。

内戦は、よく知られるように「ＬＴＴＥ（タミル・イーラム解放の虎）」による分離独立をめぐる戦いだった。タミル文化の中心地は、おのずと民族紛争の激戦地でもあった。Ｔシャツの文字は、内戦の終結で、「Ａ９」の道路を通って、「ジャフナ」に行けるようになることを象徴的に意味していたのである。

それから、六年の年月が流れた。『地球の歩き方』にも、北部の情報が掲載されるようになり、本当に「Ａ９」を通って観光客がジャフナに行けるようになった。

今回、ジャフナに行くことに決めたのは、内戦終結を象徴する土地への興味もあったけれど、最大の目的は、そこにユニークなホテルがあると聞いたからだった。

ジャフナ・ラグーンと呼ぶ大きな入り江を囲むようにしてジャフナ半島があり、周囲に島が点在する。目的地のホテルは、その島のひとつ、カライティーヴーのさらに沖合に浮かぶ城塞の小島だった。

「フォート・ハメンヒール」というのが、城塞の名前であり、ホテルの名前でもあった。

ジャフナの市内には、ジャフナ・フォートという城塞もある。東西交易の要衝であったスリランカは、国内各地にこうしたフォートがあるが、北の砦であるジャフナ・フォートは、もっとも堅固な城塞として知られていた。フォート・ハメンヒールは、その堅固な城塞をさらに海から守る砦だった。

城塞を最初に築いたのはポルトガル人、十六世紀のことである。彼らがインド洋に浮かぶ島国をめざしたのは、シナモンの交易が目的だったという。

次いで一六五八年、オランダが攻めてくる。城塞に「ハメンヒール」という名前をつけたのはオランダ人だ。島の形が食べ物の「ハム」に似ていることが由来だという。

そして十九世紀前半、オランダ人を攻略して新たな支配者となったのがイギリス人だった。オランダ人が武器や食料の貯蔵庫として使っていた城塞をイギリス人は、監獄として使用した。以来、独立後も小さな孤島の城塞は、監獄として使われ続けてきた。

フォート・ハメンヒールは、歴史ある城塞ホテルにして、監獄ホテルでもあるのだ。それだけで充分、ユニークなのだが、もっとも驚かされたのは、ホテルを運営するのがスリランカ海軍であることだった。

単に海軍が所有しているだけではない。運営もまた、現役の兵士たちによって行われている。

軍がホテルを所有し、運営する例は米軍などにも見られる。だが、米軍の場合、利用者は軍関係者や退役軍人に限られている。しかし、スリランカの海軍ホテルは、一般の観光客を対象としている。内戦が終結し、平和になった。それにより仕事の少なくなった軍が、観光産業に参入したのである。

さらに驚くべきは、海軍が運営するホテルはフォート・ハメンヒールだけではないことだ。なんと「マリーマ・ホスピタリティ・サービス（Malima Hospitarity Servise）」という名称でチェーン展開している。

現在、運営しているホテルは全部で四軒。フォート・ハメンヒールを含む三軒が小規模で個性的なスモールラグジュアリーリゾート、残る一軒がゴルフリゾートである。ウェリガマベイ・ヴィラという南部のリゾートではアクティビティとしてホエールウォッチングまで提供している。海軍だから、そのあたりはお手のものなのだろう。海軍の成功を見て、陸軍も負けてはいられないと思ったのか、こちらも「ラヤ・ホテルズ（Laya Hotels）」というホテルチェーンを展開している。

フォート・ハメンヒールの開業は二〇一二（平成二十四）年。監獄の管理官などが暮らしていた部屋を改装した部屋が四つある。城塞には客室だけがあり、レセプションとレストラン・バーは対岸にある。客室数に対してレストランの規模が大きいのは、地元客の食事や宴会の需要を見込んでのことらしい。従業員数は全部で三十六人、うち四人が城塞に住んで、交代勤務で客室を担当する。

ボートで案内してくれたスタッフは、陽気で人なつこかった。

「ホテル勤務を命じられて、一年間は研修でした。まずは英語、それからホテルで実習しました」

実習先としてあがったのが、バワの代表的建築として知られる一流ホテルだった。

「ボートが必要な時は二十四時間待機していますから、いつでもどうぞ」

そう言って、屈託なくスタッフルームまで見せてくれる。監獄として使われていたスペースがそのまま彼らの部屋になっていた。

到着時のウェルカムセレモニーはポルトガル時代の衛兵の制服を身につけてのラッパの演奏だ。もちろん扮するのはスタッフである。

北部にも観光客が入れるようになったとはいえ、まだまだジャフナの、それも城塞ホテルまで足を延ばす酔狂は少ないのだろう。私は数日ぶりのゲストだったらしく、スタッフのテンションが上がっているのがわかる。軍が運営するリゾートホテル。その存在そのものが、スリランカの平和を物語っていた。

（二〇一五年九月号）

※アマンリゾーツ……1988年、アジアで創業した小規模なラグジュアリーリゾートのブランド。プーケットの「アマンプリ」、バリ島の「アマンダリ」「アマヌサ」「アマンキラ」など、当初は東南アジアを中心に、現在は日本、欧米を含む世界21ヵ国に展開する。詳細は著作『アマン伝説 創業者エイドリアン・ゼッカとリゾート革命』を参照のこと。

熱帯建築家バワが注目される理由

プールの水面を縁ぎりぎりにすることで、借景と水面を一体化させるインフィニティプール。シンガポールのマリーナベイ・サンズに代表される、今や旅館の露天風呂でも見受けられる、このプールのことを知らない人はいないだろう。

世界で最初のインフィニティプールは、一九八八（昭和六十三）年に開業したバリ島・ウブドのアマンダリのそれであると、かつて都市伝説的に語られていた。しかし、本当の発案者は、それ以前にいて、それはスリランカの建築家、ジェフリー・バワであると、これまた都市伝説的に伝え聞いたのが、彼の名前を知った最初だった。

私がバワに興味を持ったのは、熱帯の気候風土に溶けてゆくような建築の美しさもさることながら、代表作に多くのリゾートホテルがあり、それらがアマンリゾーツなど、熱帯

アジアのリゾート建築に影響を与えたこと、それらをめぐる数奇な物語に引き込まれたことが理由だった

念願叶って最初の取材でスリランカを訪れたのは、まだ内戦終結前の二〇〇八（平成二十）年のことである。

当時、まだバワは、限りなくマニアックな、知る人ぞ知る存在だった。

母国スリランカでさえ、二〇〇三（平成十五）年にバワが亡くなった時、葬儀は身内だけのひっそりとしたもので、その後もしばらく、彼が設計したリゾートホテルにおいても、バワ作品であることがことさら強調されることはなかったという。

それが、である。

最近では、ガイドブックにも世界遺産などと並んで、スリランカの見どころのひとつとして、ジェフリー・バワの作品が取り上げられ、バワホテルに泊まるツアーやバワ建築をめぐるツアーが、幾つも企画されるようになった。

二〇一五（平成二十七）年に私が『熱帯建築家 ジェフリー・バワの冒険』（新潮社）を出版

できたのも、そうしたバワブームの追い風があったからに違いない。

昨年から遅ればせながら、これまで取材のコーディネートでお世話になった人と、私たちもオリジナルのバワツアーを始めた。

今年は、何と私たちのツアーとほぼ同じ日程で、建築に強い旅行会社が三十人もの大人数のバワツアーを催行していて、私たちは、自分たちの集客力を反省すると同時に、バワが注目されていることを再認識したのだった。

こぢんまりした私たちのツアーでは、建築関係者が多い参加者の方々と直接、話す機会が多い。そこで、私は参加者の方々にバワの魅力を語り、参加者の方々は、私になぜバワが魅力的なのか、なぜバワに注目が集まるのかを教えてくれる。

同行したある建築家は、バワ建築を巡り、旅することの意味をこう語った。

「欧米の建築家の作品は、図面や写真を見れば、だいたい概略はわかり、現地に行くことは、その確認作業でしかない。でも、バワの建築は、そうではない。現地に来てみると、なるほどと発見がある。それは、バワの作品が、熱帯の気候風土を背景にして、それを取り込んでいるからなんですね」

現地の風に吹かれて初めてわかることがある。それこそが、熱帯建築家バワの醍醐味なのだ。

さらに彼は、バワの建築には、従来の建築の常識を覆す発想があるという。一般に建築は、用地を整地して、そこに建物を建てる。建築を土地に合わせるのではなく、土地を建築に合わせるのだ。だが、バワは、岩山があれば、それをどけずに、建築の中に取り込んでしまう。そんなバワの極めつけの代表作が、ヘリタンス・カンダラマである。

スリランカの内陸部、文化三角地帯と呼ばれる世界遺産など遺跡が集中するエリアにそれはある。もともとホテルは、世界遺産のひとつ、シギリヤロックに隣接する場所に建設用地があった。しかし、バワがそれを気に入らず、オーナーとともに視察して見つけた場所が、現在、ホテルが建つロケーションだ。

こんもりとした緑に埋もれた外観は、まるで古墳のよう。二つの客室棟のウイングが両腕のように伸びて、その中央に抱きかかえられるようにして、岩山がそびえる。

最初の取材から足かけ十年。すでに何度となくホテルを訪れたが、建物を包み込む緑は、訪れるたびに深くなっている。いつしかホテルは、山そのものに還ってしまうのではないか、と思うことがある。そして、何度訪れても、ホテルは異なる表情を見せるのだった。バワがいち早く示して見せた、景観を生かし、自然と共生する建築のありようは、今の時代、ことさらに求められていることなのかもしれない。バワが今注目される理由もそのあたりにあるのだろう。

ヘリタンス・カンダラマは九十年代初めに開業したバワの晩年の作品だが、初期作品にも、最近の建築の傾向に通じる特徴がある。それは、地元の素材や手法を取り入れたことだった。一九六〇年代、彼が地元の素材や手法を使ったのには、切実な理由があった。当時の社会主義政権が、建築資材を含む輸入に厳しい制限をかけたからだった。独立まもないスリランカが、まだセイロンと呼ばれていた時代のことである。

その象徴が、バワの初期作品に多く見られる地元の赤い瓦を使った屋根である。そして、それはまた、熱帯の気候風土にも適したものだった。政治的背景と熱帯の気候風土、いくつもの不可抗力に翻弄されながら、熱帯建築家は、北半球の建築家とはまったく異なる流儀を身につけていったのだろう。

母国スリランカほか、世界でバワの注目は高まっているが、ことさらに日本でその傾向が顕著だという。それは、日本人本来の暮らし方が、欧米のそれと異なり、自然と共生する熱帯と共通するところがあるからかもしれない。そして、今再び、そうしたありようが、日本的な美意識として見直されている。

歴史ある庭園と共存するフォーシーズンホテル京都の図面を見ていてふと思ったのは、池をさけるため折れ曲がったレイアウトが、岩山を抱いたヘリタンス・カンダラマにどこか似ていることだった。

景観保全のため、庭池を残すことを求められたホテルは、それがゆえに、京都を体現する魅力的な建築になったのかもしれない。バワのホテルがそうであったように。

（二〇一七年七月号）

ソンクラーンのバンコクで

二〇一三（平成二十五）年四月十六日、ボストンマラソンでおきたテロの悲劇が世界で報じられていた頃、タイ・バンコクの新聞は、旧正月の乱痴気騒ぎによる死傷者の数を報じていた。前夜祭の十一日から最初の四日間だけで死者が二百十八人にのぼり、早くも前年の数を上回ったと記されていた。

ソンクラーンと呼ばれるタイの旧正月は、毎年四月十三日から十五日。別名、水かけ祭りともいう。

もともとは仏像などに水をかけ、家族で水をかけあって、お清めをし、新年を祝う意味があるというが、いつの頃からか、それがエスカレートし、路上で誰彼かまわず水鉄砲で水をかけあう祭りとなった。タイの四月は一年で暑い時期。晴れれば三十五度を上回ることもめずらしくない。そうした気候的な条件もあったのかもしれない。

水だけではなく、白い粉を水で練ったものもなすりつけあう。繁華街は、全身ずぶ濡れ、顔を白く染めた人々であふれかえり、道路には、ドラム缶に入れた水を荷台に載せ、水鉄砲を構えた人々を乗せたピックアップトラックが行き交う。そして深夜まで続く大音量の音楽と踊り狂う人々。それを酔った勢いでやれば、交通事故もおきるし、乱闘騒ぎになることもあるのだろう。

不可抗力のテロによる死傷者と、自業自得ともいうべき祭りの結果による死傷者を並列に語るべきではないが、それにしても、ボストンマラソンの死者三人、負傷者百七十六人に対して、十六日の新聞が報じていたソンクラーンによる死者は二百十八人、負傷者二千二十八人。なんともすさまじい正月である。

しかし、一度、この無礼講を体験するとやみつきになるらしく、近年はソンクラーン目当てにやって来る観光客も少なくない。

私は、ソンクラーン目当てだったわけでもないのに、今回、何の因果か、取材の時期がかち合ってしまった。気がついた時には、すでに日程変更ができなくて、不安を抱えつつ、大晦日に相当する十一日、バンコクにやって来たのである。

バンコク在住四十五年のコーディネーター氏が言うには、毎年、多くの死傷者が出ることを憂慮した政府が、今年はピックアップトラックで水かけをすること、白い粉の使用などを禁止すると発表したそうだ。それで、騒ぎがトーンダウンするのか、それとも政府のお達しなんか関係ないのか、蓋を開けてみなければわからないと彼は言った。だが、その表情は、例年通りの派手な正月を期待している風でもあった。

果たして、どうなったのか。結果が新聞報道の数字である。

政府の禁止令に人々は、かえって反発したらしい。これが自分たちの正月の流儀だ、お上にとやかく言われる筋合いはない、ということなのだろう。タイ人というのは、こうしたお祭り騒ぎが根っから好きなのかもしれない。ふと私は、数年前、政治の混迷に乗じて、政党のシンボルである赤いシャツを着た大軍団が空港を占拠した事件を思い出した。

取材で訪れたホテルで対応してくれた人たちも、一見、穏やかな微笑みで、普段と変わりない様子だったが、ソンクラーンの話を振ると、表情が変わった。

「あなたも水かけに行ったの？」若いＰＲ担当の女性にそう問いかけると、小さくうなずいた。聞けば、昨夜は、繁華街のシーロムで、弾けてきたらしい。

水かけに出かけるには、準備が必要だと彼女は言う。財布や携帯電話は、首からかける防水ケースに入れ、水鉄砲を持ち、そして最後に一言、きっぱりと言った。

「ヘビーメイクアップ」

水をかけられてぐちゃぐちゃになるからこそ、しっかり化粧をしていくのが、女の心意気なのか。いや、女ばかりではない、ソンクラーンの時期にあわせて、バンコク市内では「アジア中のゲイが集まるパーティー」があるそうで、通りには、女の心を持った男たちもまた、ヘビーメイクアップで弾けていた。

夜、テレビのニュースをつけると、各地からソンクラーンの実況中継をしている。バンコク市内の騒ぎだけで充分想像を絶するものがあるが、ソンクラーンがより激しく盛んなのは、むしろ地方都市だという。特に有名なのが、東北地方のチェンマイだそうだ。連休となるソンクラーンは、故郷に帰省する人たちも多く、日本のGWやお盆と同じく、地方に向かう道路は大渋滞になる。地方から帰ってきた車は、ことさら粉をつけられてまっ白になっているからよくわかるのだと、コーディネーター氏は言っていた。

ところで、四月十三日から十五日を正月とする国はタイだけではない。カンボジア、ラオス、ミャンマー、さらには、インド洋の島国、スリランカもそうだ。共通するのは、いずれも小乗仏教の国であることだ。

四月といえば、日本にも四月八日の花祭りがある。仏陀が生まれたとされる日。人々は小さな仏像に甘茶をかけて祝う。実は、この起源となったのが、タイのソンクラーンなど、小乗仏教の国々の正月だという説がある。

四月十六日、私は、ソンクラーンのバンコクからカンボジアのシェムリアップに飛んだ。カンボジアでは、毎年、旧正月にシェムリアップのアンコールワットに国王が訪れる。それを目当てに全国から多くの人々がアンコールワットに集まるという。今年は、昨年、前シアヌーク国王が亡くなって服喪のため、恒例の行事は中止だったが、それでも多くのカンボジア人たちがアンコールワットを囲む堀に面した公園で、正月気分を楽しんでいた。

カンボジア、ラオス、ミャンマー。タイと同じく四月の旧正月を祝うこれらの国々は、長いこと戦争や政情不安で発展が遅れてきたが、アセアン諸国の中で、先んじて発展したシンガポールやマレーシアに続き、急激な経済発展の最中にある。インドシナ半島の中心部、やはり一歩先んじて発展したタイと陸続きのこれらの国々が発展すれば、大きな経済圏が生まれるとも言われている。

中国経済の発展で、彼らの旧正月である二月の春節は、チャイニーズ・ニューイヤーとして、観光業における新たなピークシーズンとして定着しつつある。水かけ正月の国々もその後に続くのだろうか。

四月中旬、日本は、桜前線が北に向かって北上する季節である。

（二〇一三年六月号）

奇跡の海、ラジャ・アンパットへ

三月中旬、京都から戻った私は、中一日おいて、インドネシアのラジャ・アンパットに向かっていた。

インドネシアの西パプア州、すなわちニューギニア島の西の端。「四人の王」を意味する「ラジャ・アンパット」の名前の由来となった四つの大きな島を中心に、無数の島々が点在する海域がある。太平洋とインド洋が出会う海、世界で最も多様な生物が生息するという。奇跡の海とも呼ばれるゆえんだ。

玄関口となるソロンまでは、ジャカルタかバリ島のデンパサール経由になるが、どのルートを選択しても、東京から最低三回はフライトを乗り継がなければならない。所要時間は、ほぼ丸一日、二十四時間余りかかる。日本からの直線距離は、そんなに遠くないけれど、秘境中の秘境と言っていいだろう。

桜のつぼみが膨らみ始めた春の京都から赤道直下のラジャ・アンパットへ。気候も風土も百八十度異なる世界への旅。慌ただしくはあったけれど、私は、旅人として、そのコントラストの妙を楽しんでいた。

一見、何の接点も見いだせないような二つの土地だが、『ナショナルジオグラフィック・トラベラー』誌が発表する、「ベストトリップ2013」（2013年に行くべき20の旅行先）において、アジアで三つだけ選ばれたのが、ミャンマーのパガンと京都、そしてインドネシアのラジャ・アンパットだった。

共に世界遺産であるミャンマーのパガンと京都には千年を超える歴史があるのに対し、ラジャ・アンパットが「発見」されたのは、ほんの二十年程前のことに過ぎない。その「発見者」となったのが、今回、私が滞在したクリ島のリゾート、ソリド・ベイとクリ・エコ・リゾートのオーナー、マックス・アンマーという人物である。

リゾートのオーナーといっても、ホスピタリティ業界のバックグラウンドがあったわけではない。父親の仕事の関係で、アフリカのナイジェリアで少年時代を過ごし、ハーレー・ダビッドソンの修理を仕事とし、第二次世界大戦時代のジープや航空機を探すことが趣味だったマックス。言うならば、機械いじりの大好きな冒険家だった彼は、好奇心のおもむくまま、ニューギニア島に足を踏み入れた。そして、海中深くに沈んだ戦闘機の残骸を探すうちに、そこに、とてつもない海があることに気づいたのだった。

初めてのリゾートをつくったのは、一九九三（平成五）年のことである。

「最初は、異なるエリアに三つのリゾートをつくって、それぞれの海をホッピングして楽しんでもらおうと思ったんだ。僕は、そのほうが面白いと思ったからね。ところが、ゲストは、ひとつのリゾートに滞在してゆっくりしたかったんだよ」

マックスは、やんちゃを咎められた悪戯っ子のように笑った。

一九九八（平成十）年、ラジャ・アンパットがとてつもない海であることを確かめるために彼は、魚類図鑑の編纂などで広く知られた海洋生物学者、ゲーリー・R・アレン博士を招聘する。そして、二〇〇一（平成十三）年、一回のダイビングで二百八十三種の海洋生物をカウントするという、当時の世界記録を樹立した。

世界記録はその後、何度か破られたが、すべてラジャ・アンパットの海域だった。やは

り、ここは正真正銘、奇跡の海だったのだ
マックスのリゾートがあるクリ島は、そのほぼ中央部に位置する。二〇〇三（平成十五）年には、最初のリゾート、クリ・エコに隣接して、よりラグジュアリーな施設を備えたソリド・ベイをオープンさせた。

それは、すべて手造りのリゾートだった。マックスの自宅には、製材所や石切場があって、コテージの建物や家具もほとんどスタッフの手によるものだと説明してくれた。

ニューギニア島は、西半分がラジャ・アンパットのあるインドネシア領パプア、東半分が独立国のパプアニューギニアからなるが、島の東半分にも、滑走路からすべて手づくりで複数のロッジを立ち上げた男がいたことを、私は思い出していた。エンジニア出身で、滑走路から水力発電まで何でも手づくりしてしまうことと、飛行機が大好きな冒険野郎というところが、マックスと同じだった。圧倒的な自然に支配されたこの島では、それを面白がるような物好きでないと、リゾート開発はできないのである。

そして、今なお、彼の興味は未知なる島の最深部に向けられている。私が訪れた時も、彼は、内陸部の探検から帰ったばかりだった。世界的ベストセラーとなった文明論の三部作、『銃・病原菌・鉄』『文明崩壊』『昨日までの世界』の著者である作家、ジャレド・ダイアモンド氏に同行したという。この著者は、とりわけニューギニア島のフィールドワークが多いことで知られている。この島で、ものを考えることは、人類のありようを考える原点に立ち返ることなのだ。

二〇〇一（平成十三）年に世界記録を樹立したポイント「ケープ・クリ」は、ソリド・ベイの桟橋のすぐ先にある。

二〇一二（平成二十四）年四月、マックスは再び同じポイントでゲーリー・R・アレン博士に依頼し、三百七十四種という、前回を九十一種も上回る新記録を樹立したのだった。

たとえばインド洋のモルディブや太平洋のタヒチなど、地上から見て視覚的に美しい海は世界にいくらもある。だが、ラジャ・アンパットは、そういう類の海ではない。プランクトンが多いため、透明度は決して高くなく、時に洗濯機の中に放り込まれたような激しい潮流がある。しかし、だからこそ、見たことのないような水中世界がある。

当初、京都と並び賞されることにラジャ・アンパットの価値を探ろうとした私だったが、むしろラジャ・アンパットのほうが、京都よりわかりやすく、世界でここにしかない、唯一無二の絶対的な価値があった。そのラジャ・アンパットと並び賞されることに、京都の価値を見い出している自分がいることに気づく。

さらに、京都との共通点を探すならば、経済の勃興するアジアにあって、欧米人観光客が多いことだった。それは、旅人として成熟した視点を持つ人たちが目を向ける土地であることを意味していた。東京からも遠いが、ヨーロッパからはさらに遠い。パリから来たというカップルは、丸二日かけて、五回フライトを乗り継いだと事もなげに言い、至福の休日が終わるのを惜しんでいた。

（二〇一三年五月号）

観光地ウブドの変遷

バリ島というとビーチリゾートのイメージが強いが、観光地としての黎明は、内陸部の山間にあるウブドから始まった。

なぜウブドだったのか。

きっかけは、ウブドの領主、チョコルド・グデ・ラコー・スカワティが、ヴァルター・シュピースという外国人を招聘したこと。ロシア生まれのドイツ人であるシュピースは、音楽や絵画など、マルチな才能を持つアーティストだった。一九二五（大正十四）年、オランダ植民地時代の話である。スカワティは、植民地の支配者と敵対するのではなく、むしろ協力することで、応分の利益を享受した領主だった。こうしたタイプの領主は、インドのマハラジャなどにも多く見られる。彼らは、自らの宮廷生活にいち早く西欧の文化を取り入れた。シュピースの招聘も、そうした背景があってのことだった。

もともとバリ島の人々には「芸術」という概念はなく、専業の「芸術家」もいなかった。踊りも絵画も儀式に必要なものとして、日常の中にあった。それゆえに「芸術の島」と呼ばれたのだが、シュピースの功績は、そうしたバリ島の芸術をわかりやすいものに再構成したことだ。バリ島でもっとも有名なダンス、サルの軍団とされる半裸の男たちが「チャ、チャ、チャ」と唱和するケチャは、シュピースが映画『悪霊の島』のために、伝統的な踊りや秘儀を基に再構成したものである。シュピースがいなかったなら、ケチャは存在しなかったことになる。

スカワティは、ほかにも外国人アーティストを招聘。一九三〇年代、多くの文化人や有名人が、中心的人物だったシュピースをウブドに訪ねた。たとえば、一九三二（昭和七）年に初めて日本に来たチャーリー・チャップリンも、来日前にバリ島に立ち寄っている。

だが、第二次世界大戦で、こうした状況は終焉する。オランダと敵対するドイツ国籍だったシュピースは、捕虜として輸送船で航行中、日本軍の爆撃で悲劇の死を遂げた。

そして、戦後のバリ観光は、南部のビーチから始まった。

象徴的存在が、サヌールビーチに一九六二（昭和三十七）年に開業した最初のトロピカルブティックリゾート「タンジュンサリ」と、一九六六（昭和四十一）年に日本の戦後賠償で建てられた「バリ・ビーチ・ホテル」だった。

後のアマンリゾーツの原型となるようなコテージスタイルで、世界中のセレブがお忍びで訪れたタンジュンサリと、四角い高層ビルのバリ・ビーチ・ホテルとでは、客層をはじめ何もかもが違ったけれど、いずれにしてもバリ島におけるリゾートの原点であったことは共通している。その後も、サーファーが集ったクタビーチ、政府主導のリゾート開発が進められたヌサドゥアビーチなど、バリ島はもっぱらビーチリゾートとして認知されていった。

その間、ウブドは、電気が通じたのも一九七六（昭和五十一）年だったくらいで、観光地としては長く眠ったままだった。

ターニングポイントとなったのが一九八九（平成元）年、「アマンダリ」の開業だったのではないだろうか。アマンリゾーツ以前にも、民宿の他、いくつかのホテルはあったが、ウブドの名前を再び世界に広めたのは、やはりアマンダリの功績だと思う。以後、特にアマンダリの立つアユン川沿いに「フォーシーズンズ・リゾート・バリ・アット・サヤン」など、ラグジュアリーリゾートが開業。ウブドは、一躍贅沢な隠れ家リゾートのデスティネーション（目的地）として人気が定着していった。

ここまでの経緯は、拙著『アマン伝説』で取材してきた流れである。その後、ウブドは、どのように変わったのだろうか——。

数年ぶりの再訪となる今回、ウブドの中心部で滞在したのが、シンガポール資本の「センス・ホテル&スパ・カンファレンス・ウブド・タウン・センター」だ。近年のウブドの変化を象徴する、二〇一五（平成二十七）年開業のホテルである。

かつてラグジュアリーであってもそうでなくても、小規模な宿がほとんどだったウブドに、これまで南部のビーチエリアが主流だったMICE※のマーケットニーズが生まれている。同ホテルは、スターウッドの「スタラ・ア・トリビュート・ポートフォリオ・ウブド・バリ」と並んで、ウブドにおける初の本格的な宴会場を備えたホテルであり、インドネシアの地元マーケットに強い。

客室の価格帯としては、一泊の朝食付きルームチャージが一万円程度。リーズナブルだが、標準的なアメニティはきちんと揃い、サービスも迅速で高い評価を受けている。

現在、二軒目として、もう少し高い価格帯の「セレス・ホテル&リゾート」をウブド南部、シンガクルタに建設中。五月の開業をめざす。一月に誕生した「星のやバリ」がウブドの北東部への進出とするならば、南部でリゾート開発が進むのがこのエリア。星のやバリが聖なる川、パクリサン川に面するのに対し、こちらは聖なる山、アグン山が望める。隣接するロケーションでウェスティン・ホテルズ&リゾーツのプロジェクトも進行中だった。センスの開発にも関わったセレスの総支配人、ニョマン・プラバルア氏は、近年のウブドの観光事情の変化をこう語る。

「ターニングポイントになったのが二〇一〇（平成二十二）年のジュリア・ロバーツ主演の映画『食べて、祈って、恋をして』です。舞台としてウブドが登場し、それ以降、ヨガ、メディテーション（瞑想）、ヒーリングなどを目的とする旅が増えました。オーガニック、ベジタリアン、ビーガンなどの食のニーズも生まれ、それらに対応したレストランやカフェも増えています。ヨガだけを目的に長期滞在する観光客も多い。彼らは格安に泊まれる民宿を好みますが、もう少し良いファシリティを望む人たちを私たちはターゲットにしています」

宿泊客は、オーストラリア、ヨーロッパなどの欧米系個人客がもっとも多く、次いで中国人。ただし、中国の団体客は、ウブドにバスで観光には来るが、宿泊はまだ少ないそうだ。新ホテル建設地としてウブドを選んだのは、今まさに成長マーケットがそこにあると読んだから。実際、中心部は車の渋滞も激しく、大型バスが行き交い、閑静な山間の村というかつての雰囲気は変わりつつある。芸術の村ウブドは、隠れ家ヴィラエリアのイメージから、次なるステージに入っていた。

（二〇一七年五月号）

※ブティックリゾート……ブティックとは、フランス語で、お洒落でセンスのある洋服や装飾品を扱う小規模な店の意味。同じようなコンセプトの小規模なリゾートをこう呼ぶことがある。

※Ｍｉｃｅ……Meeting（会議・研修・セミナー）、Incentive tour（報奨・招待旅行）、ConventionまたはConference（大会・学会・国際会議）、Exhibition（展示会）の頭文字をとった造語。規模の大きなビジネストラベルの形態をまとめてこう呼ぶ。インバウンドの中でも注目されている市場。

変わらない香港、変わる香港

二〇一七（平成二十九）年七月初め、香港返還二十周年記念式典が行われた直後の香港を訪れる機会があった。

返還二十周年を祝賀する高層ビルのネオンサインが、ところどころに見受けられたが、観光客として町中を歩く限り、いつも通りの香港の夏がそこにあった。

それでも、ザ・ペニンシュラ香港の屋上ヘリポートから直結する、ヘリコプターに乗る乗客専用のラウンジ「ザ・チャイナクリッパー」を取材した時、記念式典前後には香港上空に厳しい規制が敷かれ、ヘリコプターの離発着が禁止されたと聞いて、大きな出来事だったことを実感した。

式典では、習近平中国国家主席が初めて香港を訪問し、「一国二制度」の成功を強調する演説を行い、日本でも大きく報道された。その警備はやはり厳しいものだったのだ。返還時、香港における高度な自治は、五十年間保証された。

二十年前、五十年後は、果てしない未来に感じた。だが、こうして二十年が過ぎてしまうと、三十年後は、それほど遠い先の話ではない。

返還前後にそうだったように、今再び、香港の人たちの間で、海外の居住権を得ておく動きが盛んになっているとも聞いた。

私が香港を初めて訪れたのは、返還前の一九九五年頃のことだ。そのずっと前から日本人観光客にとって人気観光地だったことを考えれば、私の香港デビューは早くない。だから、それほど昔の香港を知っている意識はないのだが、やはり振り返ってみれば、香港は変化した。

当時はまだ、高層ビル群の合間をすり抜けて飛行機がランディングする啓徳（カイタック）空港の時代。夕暮れ後のほうが、スリリングなランディングが実感できると聞き、わざわざ午後便にした記憶がある。同空港の閉鎖は返還の翌年である。

香港島と九龍半島を結ぶスターフェリーは、今も昔も変わらないが、香港島の乗船ターミナルのあたりは、埋め立てが進み、だいぶ風景が様変わりした。

当時は、夜景を彩るネオンサインにも、日本企業の名前が多く見られたが、今ではすっかり少なくなってしまった。

観光客も日本人が圧倒的に多かった。中国本土からの観光客に席巻されている今とのもっとも大きな変化かもしれない。

そんな香港で、今なお日本人の存在感が大きいところがある。

ザ・ペニンシュラ香港だ。

今回、久しぶりに宿泊して、あらためてその印象を強くした。町中ではめったに聞くことのない日本語が、ホテルの中にいると、あちこちで聞こえてくる。

ザ・ペニンシュラ香港の総支配人、レイニー・チャン氏によれば、今でも日本人は、ザ・ペニンシュラ香港の滞在ゲストのトップスリーにあげられるとのことだった。

私が初めて香港を訪れた当時、ザ・ペニンシュラ香港は、一九九四（平成六）年十二月のタワーの完成を経て、香港を象徴するホテルとして、装いを新たにして輝いていた。

その輝きは色あせず、今もある。特にアフタヌーンティーで有名なザ・ロビーには、まったく変わらない時間と空間がある。クラシック音楽の生演奏が始まる午後、ザ・ロビーは、ひときわの賑わいを見せる。

アフタヌーンティーの時間に音楽の生演奏が行われるようになったのが一九四〇年代後半。現在のようなメニューのアフタヌーンティーのスタイルが確立したのは、一九八〇年代初めのことだという。

そうであるならば、ザ・ロビーのアフタヌーンティーの雰囲気は、創業当時から、というよりは、八十年代から九十年代にかけて、タワー完成を前後する時代の空気感を今に伝えている、と言うべきなのかもしれない。

ちなみに、もうひとつのザ・ペニンシュラの定番であるチョコレートが有名になったのも一九八八（昭和六十三）年に「ザ・ペニンシュラ・ブティック」が地下のアーケードに開業して以降のこと。憧れのホテルとしてのアイコンは、こうしてひとつずつ積み上げられてきたのだ。

変わらないようでいて、時代に呼応して変化するのがザ・ペニンシュラ香港の魅力なのだと思う。

二〇〇七（平成十九）年に、ザ・ペニンシュラで初めての女性、初めてのアジア人として総支配人に抜擢されたレイニー・チェン氏の存在も、その象徴かもしれない。

彼女のザ・ペニンシュラへの入社は一九九四（平成六）年と聞いた。タワー完成の年だ。私が初めて香港を訪れた頃でもある。ザ・ロビーの雰囲気はまったく変わらないが、フロントで働いていた野心あふれる女性の人生は激的に変化したのだった。


内なる変化の予兆を感じたのが、香港島の陸羽茶室だった。

今や香港でほとんど姿を消してしまった、昔ながらの茶室である。常連客は、飲茶の点心メニューというより、「お茶を飲むこと」を目的にして、毎日決まった時間に決まったテーブルに訪れる。

それがゆえに、一見客にはちょっと敷居の高い店でもある。しかし、だからこそ素顔の香港が感じられる。そして、それを求める観光客も足を運ぶ。

初めての香港で、陸羽茶室を訪れた時のことは今もよく覚えている。店内の独特な雰囲気は、ビクトリアピークの夜景よりも、亀ゼリー（当時、日本人観光客に流行っていた）よりも印象に残っている。

二十数年ぶりに再訪した陸羽茶室は、昔の記憶のままだった。

内なる変化とは、外資系の流通大手から転職したマネージャーが、経営を取り仕切っていることだった。常連客を大切にしつつ、一見客にも入りやすい店に改革していきたいと彼は語った。

お気に入りの点心をひとつ、ふたつ注文し、新聞を広げてお茶を飲む。そんな常連客が何人もいた。かつて香港の有名なグルメ評論家だったという老人の姿も見かけた。

ザ・ペニンシュラ香港がそうであるように、空間は変わらずとも、そこをめぐる人々は変わってゆく。

三十年後、香港はどう変わるのか。帰国後、ノーベル平和賞受賞の作家、劉暁波氏死去のニュースを聞いた。少なくとも今、香港では彼を追悼することが許されている。

（二〇一七年九月号）

ジェフリー・バワの代表作、ヘリタンス・カンダラマ

第四章

南半球からのメッセージ

パプアニューギニアが教えてくれたこと

昨年（二〇一四年）末、思いがけない訃報があった。パプアニューギニアで長いこと、現地コーディネーターとして取材をサポートしてくれた人の早すぎる、まさかの別れだった。

彼を頼っていたのは、私だけではなかった。お通夜の席で、これから私たちはどうすればいいのかと、途方に暮れたように涙を流していたのは、やはり長年、パプアニューギニアにまつわる多くの番組を制作してきたテレビプロデューサーだった。

どんな無理難題を投げかけても、必ずなんとかしてくれる、そんな彼がいたから、数々の番組は成り立ってきたと、涙ながらに彼女は語った。それらの番組が、太平洋をはさんだ隣国でありながら、馴染みの薄いパプアニューギニアの存在をアピールしていたことは言うまでもない。近年、バラエティも含む多くのテレビ番組でパプアニューギニアの露出が多かった背景には、その彼、成田俊幸さんの存在があった。「トシ」と呼ばれ、現地の人たちの流儀やタブーに通じた彼の信望は厚かった。トシの頼みなら、トシの友人なら、ということでいくつもの無理難題は可能になったのだ。彼らのことを知りつくしていたからこそ、時に辛辣な批判もしたけれど、根底ではパプアニューギニアの人たちの生き方を肯定して信じていた。

一年ほど前から訴えていた腰痛は、結果的に大腸ガンによるものだったのだが、彼は、もっぱら中央高地から取り寄せた薬草で治療をしていた。どうしてもっと早く病院に行かなかったのかと悔やまれたが、身をもってパプアニューギニアの流儀を通した生き方は、いかにも成田さんらしかったのかもしれない。

訃報を受けた時、私は、ちょうど『世界でいちばん石器時代に近い国　パプアニューギニア』(幻冬舎新書)を上梓したばかりだった。一九九五(平成七)年に初めて訪れてから、渡航回数は十回におよぶ。この本は、そうした私の長いパプアニューギニアとの関わりが土台になっている。

なぜこれほど長く関わってきたのだろう、とあらためて考える時、人とのつながりが根底にあったことに私は気づかされた。その重要な一人が、間違いなく成田さんだった。

今頃、本当ならば、成田さんは、ホテルのマネジャーとして、スタートを切っているはずだった。

パプアニューギニアの首都ポートモレスビーに彼がマネジャーになるはずだった小さなホテル、「志村ロッヂ」はある。

老舗瓦会社の社長、志村容一さんほか、長年パプアニューギニアに支援してきた人たちが、建設した。敷地を提供したのは、元駐日パプアニューギニア大使のマイケル・マウエ氏。日本とパプアニューギニアの友好を象徴する、初めての日本人経営のホテルである。

もともとポートモレスビーのホテル事情は、長く沈滞していた。外資系といえば、ホリデイイン・クラウンプラザが一軒あるだけ。私の知る二十年のうち、十五年余りは、新規ホテルの開業もほとんどなかった。

だが、二〇〇九（平成二十一）年、LNG（液化天然ガス）生産のプロジェクトが始まると、少しずつ状況が変わり始めた。資源がらみのビジネスマンが増えたことで、まずホテル代が高騰、需要の増大を受けて、ホテルの改増築、新規開業も活発化している。外資系では、現在、マレーシア資本の大型ホテルプロジェクトが進行中だ。

だが、全体を見れば、料金に見合うホテルの量と質は充分とはいえず、ポートモレスビーのホテル事情は、あいかわらずよくない。そうしたなか、日本人の来訪者に安心して格安に泊まってもらえるホテルを開業したい、というのが、志村ロッジに関わる人たちの思いだった。

昨年五月、『世界でいちばん石器時代に近い国 パプアニューギニア』の追加取材でポートモレスビーを訪れたのが、結果的に成田さんとの最後の仕事になってしまった。

その時、まだ建設中だった志村ロッヂにも案内してくれた。立派な瓦屋根と、そして、パプアニューギニア初にして、唯一というシャワートイレを盛んに自慢していた、嬉しそうな表情が忘れられない。

その取材で私が彼に投げかけた無理難題は「黒魔術」だった。

長年、パプアニューギニアには黒魔術を理由にした犯罪は罪が軽減されるという法律があった。それがようやく廃止になったのが二〇一三（平成二十五）年のこと。それだけ黒魔術は生活に根ざしており、また逆に、現代社会のフラストレーションが黒魔術に集約することが大きな社会問題にもなっている。

成田さんが紹介してくれたのは、アルフォンス・アンギ・ハヤベ氏という大学で教鞭を執る先生だった。近代文明との本格的な接触が一九五〇年代という中央高地のタリに生まれ、後に高等教育を受け、日本にも留学した。

だが、彼の父は、外の世界とはまったく接触のない伝統的社会に生きた人で、彼は、先祖から伝わる多くの黒魔術などの呪術を知る最後の世代でもあった。

私の本のタイトルにある「世界でいちばん石器時代に近い国」という表現は、ずいぶん誤解を受けた。曰く、パプアニューギニアを見下しているというのである。

だが、ヨーロッパの都市を「中世さながらの町」と表現して、それを「見下している」と評価する人はいない。この本のタイトルがパプアニューギニアを見下しているというのなら、それは人類が通過してきたひとつの時代である「石器時代」を見下していることにほかならない。

パプアニューギニアの面白さとは、時計の針が急激に進んだことにあると私は思っている。初代副総理兼外務大臣だったマオリ・キキの『キキ自伝　未開と文明のはざまで』という名著があるが、奇しくも英語原題は「Ten thousand years in a lifetime」だ。自分の人生は一万年の時を一気に生きることだったと彼は語っている。

それが、パプアニューギニアの興味深さであり、私たち人類に多くの教訓を与えてくれるところなのだ。私が会ったハヤベ氏もまさにマオリ・キキと同じ人生を歩んだ人だった。パプアニューギニアから教えてもらったのは、私たちが今生きる世界での常識が、絶対でないことだ。時間軸と空間軸が異なれば、常識は変わる。異なる価値観と価値観がぶつかりあい軋轢を生む現代社会で、私たちは、この真理にたちかえるべきではないだろうか。

（二〇一五年三月号）

バヌアツからのメッセージ

地球温暖化の問題が難しいのは、新興国や発展途上国では、二酸化炭素の排出規制に対し、過去に多くの二酸化炭素を排出してきた先進国と同じように削減することに否定的な考えがあることだ。それは、後から豊かになっていく国の、先に豊かになった国に対する、ある種の不公平感なのだと思う。

本来ならば、そういう不公平感がもっとも強いのは、二酸化炭素の排出は過去も現在も限りなくゼロに近いのに、地球温暖化の影響を地球上でもっとも直接的に受けている、赤道周辺に位置する島嶼国であるはずだ。しかし、小さな国の彼らの声は、なかなか北半球に届かない。

たとえば、近い将来、海面上昇により、国そのものが沈んでしまうと警告されているのが太平洋の小国、ツバルである。すでに国民のニュージーランドへの移住が始まっており、二〇五〇年には、国が消滅すると予測されている。そのツバルの二酸化炭素排出量は、地球上のわずか〇・〇六％だという。

二〇一五（平成二十七）年三月中旬、東日本大震災から四年目となる仙台市で第三回国連防災世界会議が開かれた。その会期中のまっただ中、ツバルを含む多くの首脳が参加していた南太平洋の国々を巨大サイクロン「パム」が襲った。なかでももっとも甚大な被害を受けた国がバヌアツだった。

その報道に心を痛めていた頃、バヌアツ在住の知人からメールが届いた。たまたま長期帰国中で無事だったとの一報に安堵するとともに、直接、私は現地の声を聞いたのだった。人的被害は比較的少なかったものの、住宅やインフラの被害は甚大で、首都ポートビラのあるエファテ島では、人口の約半数が被災したという。従来からサイクロンで建物に被害がおよぶことは少なくなかったそうだが、これまでと異なるのは、建物だけでなく、食料自給率一〇〇％という、彼らの豊かな食を支えていた畑が根こそぎ壊滅したことだ。そのため今後、数カ月にわたる食料不足が懸念されていた。

サント島の被害は軽微。タンナ島の被害は甚大。島ごとの被災報告を読みながら、私は、三年前、二〇一二（平成二十四）年の春にバヌアツを訪れた時のことを思い出していた。

サント島は、シャンペンビーチやブルーホールといった景勝地があることで知られ、ダイビングのメッカでもある。そして、タンナ島は、世界でもまれな至近距離から観察できる活火山がある。圧倒的な自然の美しさもさることながら、人々の笑顔が印象的な国だった。

私に連絡をくれた知人は、現地で観光業を営む在留邦人である。訪れた当時、元アナウンサーの女性と結婚したばかりだった。

女子アナを辞めてバヌアツ移住。その転身が、その頃、ちょっとした話題になっていた。たまたま旅行で訪れたバヌアツで恋に落ちたのだという。もちろん彼女が恋したのは、その知人に違いないのだが、同時に彼女は、バヌアツという国にも恋したのかもしれない。

その後、彼女は「バヌアツ共和国親善大使」となって、同国のＰＲを担うことになった。

バヌアツには「世界一幸せな国」というキャッチフレーズがある。「幸せの国」というと、震災の年に若き国王夫妻が来日したブータンを連想するが、バヌアツも負けず劣らずに「幸せな国」だと、彼女は、懸命にアピールしていた。その効果なのだろう、最近、特にテレビでの露出が増えたような気がしていた。

メールは、バヌアツの一大事に親善大使の彼女が、被災報告と支援協力の緊急記者会見をするからという協力要請だった。

赤道を挟んで、北側で発生したものを台風（タイフーン）、南側で発生したものをサイクロンと呼ぶ。近年、それらの巨大化が生じていることは、海面上昇と並び、地球温暖化の影響として問題視されている。

台風は、日本にも毎年、大きな被害をおよぼす。その巨大化は、日本にとっても大きな問題であることは言うまでもない。二〇一三（平成二十五）年十一月には、フィリピンで台風三十号による甚大な被害があったのは記憶に新しいところだ。

巨大台風やサイクロンの被害は、それらが襲う可能性のある国すべてにとっての脅威だが、バヌアツの被害報告を知って感じたのは、小さな島嶼国の場合、それが、国そのもののありようにまで影響をおよぼしかねないということだった。

バヌアツが「世界で一番幸せな国」である理由は、食料自給率一〇〇％ゆえの、飢えを知らない安心感が背景にあるに違いない。先進国的な尺度では、豊かな国ではないかもしれない。しかし、自分たちの畑で採れるものを食べて、ゆったりとした時間の流れの中で暮らすことは、本当の意味での幸せなのだと思う。その国が畑を失ってしまった。

もちろん熱帯の気候の自然再生力は目を見張るものがあるから、やがて畑は再生されるだろう。しかし、それまでの数カ月、彼らを救う必要がある。それが現地から寄せられた中期的な支援の要請だった。

さらに長期的な支援として、バヌアツからのメールで強調されていたのは、観光立国であるバヌアツに一日も早く観光客が戻ることだった。

東日本大震災でもよく言われたことだが、被災地に観光に行くことの心理的障壁が、観光を生業としている人々の復興を妨げてしまう問題だ。ただでさえ日本で知名度の低いバヌアツの、必死で構築してきた「幸せな国」のイメージが消えてしまうことを彼らは懸念していた。

この原稿を書いている今もまた、南太平洋から新たな巨大台風被害のニュースが届いている。今度は北半球、台風四号がチューク（旧トラック）諸島を襲い、甚大な被害が発生したとのこと。チュークでも人的被害は限定的だが、バヌアツと同じく自給自足で暮らす人々の畑が壊滅的な被害を受けたという。しかし、その報道は少なく、ほとんどの日本人がチュークの被害を知らないでいるのが実情である。

地球温暖化が南太平洋の楽園から人々の笑顔をこれ以上、奪うことがないように祈るばかりである。

（二〇一五年五月号）

モルディブという楽園

現在、モルディブはホテル業界で世界でも有数のＡＤＲ（平均客室単価）が高い国とされている。一泊千ドル台の部屋がごく当たり前のように並ぶ。数千ドルの部屋もめずらしくない。世界のラグジュアリーブランドが勢揃いする、スーパーラグジュアリーのショーケースといっていい。

アジアからもヨーロッパからも中東からもアクセスがよいことから、旅行者もホテルブランドも極めてインターナショナル。強いて言えば、アメリカ大陸がもっとも距離的には遠く、北南米からの旅行者は少ないが、しかしハイアットやスターウッドといった北米系のチェーンも進出している。

私が初めてモルディブに行ったのは一九九〇年代初めのことだ。取材でも何でもない、まったくプライベートな休暇旅行。そして、それから何度となく、モルディブを訪れた。

なぜモルディブだったのか。

直接的なきっかけは、水中造形センターという出版社が発刊する『海と島の旅』という雑誌だった。二〇〇九(平成二十一)年の休刊まで、約三十年にわたってビーチリゾートに特化した情報を発信し続けた同誌は、南の島でダイビングやスノーケリングをして、ビーチで寝転ぶというライフスタイルを日本に紹介し、そのための理想郷、モルディブの存在を日本に紹介したのだった。

一九九〇年代から二〇〇〇年にかけて、私が熱に浮かされたようにモルディブに通っていた頃、『海の島の旅』の新年号は、必ずモルディブ大特集と決まっていた。世界にビーチリゾートは数多くあったにもかかわらず、毎年、ぶれることなく、モルディブだったのである。

なぜモルディブだったのか。

豆粒ほどの小さな島の集合体が環礁(アトール)をかたちづくり、アトールの集合が国となっているモルディブでは、一つの島に一つのリゾートが原則である。住民の村さえ同じ島に同居しない（島が小さすぎて同居できない）、海とビーチと椰子の木以外何もない小さな島、そんな地理的条件が、夢に描く「南の楽園」そのものだったからではないだろうか。島の周囲にはハウスリーフと呼ぶ珊瑚礁が取り囲み、リゾートの目の前でダイビングやスノーケリングが楽しめる。モルディブは、まさに理想の楽園だった。

モルディブがイギリス保護領から独立したのは、今からちょうど五十年前の一九六五（昭和四十）年のこと。それからまもなくの一九七〇年代からリゾート開発が始まった。といっても、当初のリゾートはまったく簡素なもの。主な観光客は、何もない楽園を理想とするヨーロッパ人だった。一九九〇年代初め頃まで、モルディブにおける「高級リゾート」とは、「温水真水のシャワー」があることだった。「肉」があればご馳走で、毎日、食卓にのぼるのは、モルディブ特産のカツオばかりというリゾートも少なくなかった。

そうしたモルディブにおいて、最初のラグジュアリーリゾートが、一九九五（平成七）年に開業したバンヤンツリー・ヴァビンファルである。前年、タイのプーケットに最初のリゾートが開業したバンヤンツリーの、初期の一軒が、実はモルディブだったのである。

バンヤンツリー・ヴァビンファルの前身は、一九七九（昭和五十四）年に開業したヴァビンファル・パラダイスというリゾートだ。すぐ隣には、同年に開業したイフル・リゾート・アイランドがあり、いずれもモルディブならではのハウスリーフがいい島として定評があった。空港のある北マーレ環礁に位置し、アクセスもいい。二〇〇一（平成十三）年には、このイフルが、バンヤンツリーの姉妹ブランドであるアンサナとなり、今に至っている。

近年、モルディブでは水上コテージの人気が高い。長い桟橋に大型の水上コテージがたくさん建てられ、遠目から見ると、島の景観が変わってしまっているようなリゾートも少なくない。

そうしたなか、二〇一二（平成二十四）年に行われたバンヤンツリー・ヴァビンファルとアンサナ・イフルの大改装では、あえて水上コテージを建てなかった。こんもりとした椰子の木が印象的な丸い島を白砂のビーチが取り囲む、モルディブの原点ともいうべき島の景観とハウスリーフを守り、本来のモルディブらしいリゾートの姿を保持するためだ。

「北マーレ環礁で水上コテージがないリゾートは、バンヤンツリー・ヴァビンファルとアンサナ・イフルだけです」

スタッフの一人が誇らしげな表情で言う。

「いつかモルディブで唯一の水上コテージがないリゾートになりたいです」とも。

ハネムーナーなどに絶大な人気のある水上コテージは、タヒチを発祥とするが、波の穏やかな海でなければ建てることができない。ほとんどの島が、その条件にあてはまるモルディブで大ブレイクしたのだった。そうした時流に背を向け、自然とともにあるラグジュアリーをめざすのがバンヤンツリーの姿勢なのだ。

モルディブがスーパーラグジュアリーのショーケースとなった理由は、無人島であるがゆえに地元の文化の匂いも感じさせない、青い海と椰子の木とビーチだけがある、ニュートラルな南の島だったことだ。その結果、白いカンバスに絵を描くごとく、どんなデザインやアイディアも可能にしたのである。

だが、モルディブにもモルディブらしい風景はある。バンヤンツリー・ヴァビンファルとアンサナ・イフルには、確かにそれがあった。

ハイシーズンである乾季になると、ほとんどがリピーターのゲストで埋まるという。リピーターで多いのは、ヨーロッパ人と、そして日本人とのことだった。

かつて『海と島の旅』が育んだモルディブを愛する日本人は、いまだ健在だったのだ。一方、一見すると数が多いように思える中国人は、ほとんど二度と来ないのだそうだ。「爆買い」するところがないからなのか。「二度と来ない中国人」はニュースの話題にもなっているとか。

ライブラリーの片隅には、英語やドイツ語の本と並んで、湿気を含んで少し膨らんだ、年季の入った日本語の本が並んでいた。

日本人は、ビーチで日がな寝転ぶような旅はできない、と一般論的に言われるが、実はそんなことはない。少なくとも一部の日本人には、そうしたライフスタイルが根付いていることを、またモルディブは教えてくれる。

（二〇一五年八月号）

映画『モアナ』に出会える島

南太平洋には、小さな島嶼国が散らばるが、そのなかで、とりわけ美しく平和で、天国のような島国がクック諸島である。

旅の帰路、機内でディズニー映画『モアナと伝説の海』を見ながらつくづく感じたのは、タヒチよりもハワイよりも、クック諸島にこそ、映画そのままのポリネシアの世界観と自然が息づいていることだった。

映画製作のリサーチは、なぜかクック諸島に訪れていないのだが、それにもかかわらず自分たちの島のことがリアルに描かれていると、人々は口を揃える。

首都と国際空港のある島、ラロトンガが、星野リゾートのあるタヒチのランギロアとよく似た響きのため、何度説明してもタヒチと混同する人が多い。タヒチからも週一便のフライトがあるが、ニュージーランド航空がオークランドから毎日就航していて、日本ほか海外からのアクセスは、このルートが一般的だ。

ニュージーランドとの自由連合制をとり、国民はニュージーランドの国籍を有し、通貨もニュージーランドドル。外交は独自だが、国連に加盟していないため、国交のある国は少ない。日本との国交が樹立したのも二〇一一（平成二十三）年のこと。大使館も領事館もなく、在留邦人は大人四人、子供二人の計六人。今回、お世話になったラロトンガの旅行会社に勤めるサキコさん曰く「みんな顔見知りのお友だち」という。貧困とも無縁なので、JICAが入っていないのが、ほかの太平洋諸国と比べて邦人が少ない理由である。

人口は箱根町とほぼ同じ約一万人。主要産業は観光だが、観光客の約八割はニュージーランド人。観光立国でありながら、世界的に知名度が低い理由でもある。

ニュージーランドとの関係は、政治や経済だけではない。歴史的にも深いつながりがある。太古の昔、南太平洋の人々は、映画『モアナ』に描かれていたように大型カヌーに乗り、新天地を求めて移住していった。その大航海の最終地点のひとつが、ニュージーランドだった。

そして、ニュージーランドに向けて航海した人々の出発点がクック諸島だったとされる。すなわちニュージーランドの先住民、マオリは、クック諸島の人々にルーツを持つのだ。実際、言葉もニュージーランド・マオリ語とクック・マオリ語はよく似ている。挨拶はニュージーランドが「キア・オラ」、クックが「キア・オラナ」だ。

だから、クック諸島の人たちは、ニュージーランドからの観光客を「おかえりなさい」と迎え、ニュージーランドの人たちは、自分たちのルーツを再確認する。距離的に近いだけではない、特別な関係がお互いの間にはある。

その関係性を結ぶ要がカヌーである。古代ポリネシア人が新天地を求めてカヌーで航海した話は、映画のストーリーと同じく、長く伝承としてのみ伝わり、その技術は忘れ去られてきた。それを復元、再生し、かろうじてミクロネシアに現存していた伝統的ナビゲーションによる航海で実証した最初の例が、一九七五(昭和五十)年、アメリカ合衆国建国二〇〇年記念行事のひとつとして建造されたホクレア号だった。

ホクレア号は、南太平洋の人たちが文化伝統に目覚めてゆくきっかけとなり、各地で伝統的カヌーの復興がムーブメントとなる。

クック諸島で、その先頭に立ったのが、二代目首相にして、NASA勤務経験のある科学者でもあったトーマス・デイビス氏だった。そして、誕生したのがヴァカ・テ・アウ・オ・トンガである。

ヴァカとはカヌーの意味。クック諸島では、村の意味も合わせもつ。それは古代ポリネシアの航海者だった祖先たちが、カヌーでたどり着いた場所にそのまま住みつき、それが村になったことに起因する。まさに映画さながらの史実である。

テ・アウ・オ・トンガは今は引退し、美しいラグーンで知られるクック諸島・アイツタキ島の港に置かれている。だが、その伝統は、新しいヴァカ、マルマル・アトゥアに引き継がれ、今もラロトンガを母港にして航海を続けている。

映画『モアナ』は、航海者だった祖先の存在に気づき、カヌーで大海原に乗り出してゆく少女の物語だが、テ・アウ・オ・トンガにもモアナさながらに勇敢な女性乗組員のパイオニアがいた。

彼女の名前は、テ・ティカ・マタイアポ。英語名はドリス。ニュージーランド航空に長年勤めた優秀なワーキングウーマンでもあった。最初の航海に望んだ時、すでに少女の年齢ではなかったが、その心意気は、映画のモアナに重なる。

そのドリスが妹とともに創業したのが、クック諸島のアイコン的なリゾートとして、今もラロトンガにあるリトル・ポリネシアだ。

現在は、パシフィックリゾートというクック諸島を拠点にするリゾート企業の資本が入り、スモール・ラグジュアリー・ホテルズ・オブ・ザ・ワールドのメンバーでもある。

ビーチフロントのバンガローが十とガーデンスタジオが四の計十四室の小さなホテル。ガーデンスタジオは、簡素なモーテルとして始まった創業当初の建物だ。白を基調にした端正で愛らしいインテリアは、ハワイともタヒチともフィジーとも違う独特のテイスト。クック諸島ならではのスタイルとして、バリモダンさながらに島のほかのリゾートでも見ることができる。

滞在中、ポリネシア人の大航海の伝統を受け継ぐマルマル・アトゥアに乗船する機会に恵まれた。

長距離の航海のほか、乗組員のトレーニングのために週に一回程度、島周辺のクルーズを行っている。情報を教えてくれたのは、サキコさんだった。見習いクルーとして船の操縦を学ぶ彼女は、ドリスがそうだったように、いつか乗組員として大海原に出るのが夢だと語る。

映画のモアナが、カヌーでラグーンの外に漕ぎ出してゆくのが大冒険だったように、マルマル・アトゥアでも、ラグーンを越えて船の帆を張る瞬間、もっとも緊張が高まる。大波で揺れる甲板で舵をしっかり握ったマッチョなポリネシアンは、映画に登場するマウイさながらの容貌。乗組員の一人が映画の主題歌を口ずさんでいる。映画そのままのリアルがそこにあった。

（二〇一七年六月号）

ル・ソバージュのミシェルさん

「星野リゾートkiaOra（キアオラ）ランギロア」のあるランギロアは、タヒチのツアモツ諸島に位置する環礁の島である。

ボラボラやモーレアのように中心に山のそびえる火山島とは異なり、ネックレスのように小さな島が縁取る中央に青いラグーン（礁湖）が広がるのが環礁の島だ。外周二〇〇kmにおよぶラグーンは、フレンチポリネシアで最大、世界で二番目の大きさを誇る。ランギロア・ブルーと称される青がどこまでも広がるラグーン。タヒチの海はどこも美しいけれど、それにしても、ランギロアの海の美しさは抜きんでている。

そのラグーンをスピードボートで横断すること約一時間、「ル・ソバージュ」と呼ぶ別館がある。

ソバージュとは、フランス語で「野生の」という意味。その昔、流行した毛先に細かいパーマをかけるヘアスタイル、ソバージュも同じ語源からくる。別館というよりは、単に小島と呼んだほうがしっくりくるかもしれない。

いかにも南の島らしい造りのシンプルなコテージが五棟。食堂兼ラウンジの建物が一棟。そして、ル・ソバージュを切り盛りするミシェルさん夫妻の家。島にあるのは、それだけだ。コテージには電気もない。日暮れの時間になると、ミシェルさんがランタンに明かりを灯して、各コテージに配って歩く。ここは、大自然の中に身を置いて、何もないことを楽しむリゾートなのである。

キアオラ・ランギロアが星野リゾートの運営になったのは今年だが、リゾート自体の歴史は一九七三（昭和四十八）年創業と古い。開業当時は、コテージ二十室だけの素朴なリゾートだったという。その後、少しずつ規模が大きくなり、施設も整っていったが、一九八九（平成元）年、リゾートが始まった頃の素朴な楽園を再現すべく、開業したのがル・ソバージュだった。

タヒチアンは、タヒチ語で「モツ」と呼ぶ小島で、のんびり過ごすのが大好きだ。タヒチ島のパペーテのような都会（日本の感覚からすれば、都会というほどではないが、ゴーギャンの昔から、パペーテはタヒチでは都会の象徴だった）に住んでいる人たちも、週末はモツに出かけて、魚釣りやバーベキューをし、音楽を奏で、あとは、何をすることなく過ごす。ル・ソバージュは、そうしたタヒチアンにとっての楽園の再現でもあった。

ランギロアはダイバーには有名な島だったから、私はキアオラ・ランギロアのことはもちろん、別館、ル・ソバージュの存在も昔から知っていた。そして、今回、ついに訪れる機会に恵まれ、長年ここを切り盛りしてきたミシェルさん夫妻に出会い、ル・ソバージュの魅力に引き込まれたのだった。

島には桟橋もないから、スピードボートが到着すると、ミシェルさんが小舟で迎えに来る。二艘のボートを寄せて、滞在客の荷物、食料などの物資を小舟に運び込む。最後に滞在客も小舟に乗り込んで、島の休日が始まる。

初対面の笑顔が忘れられない。

本当によく来てくれた、とそのまま顔に描いてあるような、心からの笑顔だった。

もっとも、こういう笑顔に出会うのは初めてではない。私が足繁く通っているパプアニューギニアの村に行くと、村の長老が同じような笑顔で迎えてくれる。

強い日差しの下で見るミシェルさんの日焼けした顔は、パプアニューギニアの村の長老によく似ていた。だが、よく見ると、ポリネシア人らしい繊細さのある顔立ちをしている。妻のテトゥアヌイさんは、小柄でかわいらしい美人だった。

彼らの容貌にあらわれたフレンチポリネシアの繊細は、コテージや食堂の設えにも感じられた。この手の素朴なコテージにはよく泊まることがあるが、ここは、インテリアにどことなくセンスがある。特にバスルームが素敵だった。お湯の出るシャワーと水洗トイレもきちんと完備している。

ラウンジを兼ねた食堂は、島にある椰子の木や流木を使って飾りつけてあるのだが、それがまたお洒落だった。聞けば、妻のテトゥアヌイさんが手がけているという。

夕食は、前菜が魚介のクレープ包み、メインが魚のグリル。フランス風家庭料理といったところか。優しい味付けで美味しかった。電気のない島、とはいうものの夕食時の飲み物はよく冷やしてあり、食堂には電気が灯る。電池の充電などもミシェルさんに頼めばOKだ。

滞在客は同じテーブルを囲む。同席したのは、知的で物静かな男性と、陽気で人なつこい男性のイタリア人カップル。イタリアの何を知っているか、日本の何を知っているか、という定番の話題で盛り上がる。彼らの人柄の良さもさることながら、何より食卓を和ませたのは、私たちを温かく包み込むミシェルさんのホスピタリティだった。

夕食後、ビーチに出ると空は満天の星空が広がっていた。新月だったこともあるのだろうが、星が天から降ってくるようだった。星がきれいとの触れ込みの南の島には、数多行ったことがあるが、あの星空は、かけ値なしにすばらしかった。

帰り際、こんなに早く帰るなんて、とミシェルさんに言われて、本当に後ろ髪が引かれる思いがした。

ル・ソバージュは、何もない島ではない。ミシェルさんのいる島だった。満天の星空よりも、目映い夕陽よりも、白砂のビーチよりも、青いラグーンよりも、ミシェルさんの笑顔が忘れがたい。

そしてもうひとつ、南の島としては驚くほど、蚊が少なかったのも特筆すべきことだ。これもミシェルさんが家の裏で夜長、火を焚いてくれているから。心憎いおもてなしだ。

コテージには網戸もないが、ベッドの蚊帳と蚊取り線香で、蚊に悩まされることはまったくなかった。

星野リゾートの海外初出店となる星野リゾートkiaOra（キアオラ）ランギロアの知られざる宝物、それがル・ソバージュであり、ミシェルさん夫婦だと思う。いつまでも元気でいてほしい。また再訪する日まで。

（二〇一五年十一月号）

——ル・ソバージュ プライベートアイランドは二〇一八年五月より改装のため休館している。

マオリとアイヌ

ニュージーランドのマオリは、世界でもっとも観光的に成功した先住民と言われている。南太平洋を大航海し、移住していったポリネシア人の終着地のひとつであるニュージーランド。そこで最初の人類として、暮らし始めたポリネシア系の人たちが、マオリである。

その後、来訪した白人と戦争や軋轢はあったものの、ほかの地域の先住民と比較して、大規模な虐殺などの悲劇はなかったとされる。

戦後、まもなくはマオリ語の使用が禁止になった時期もあったというが、一九六三（昭和三十八）年、マオリの文化を認める政府の法案が制定され、六七（昭和四十二）年には、マオリの文化を継承するための学校も設立された。隣国、オーストラリアでは、白豪主義のもと、アボリジニに対する差別が過酷だった頃のことである。

こうして、早くからマオリの文化は、ニュージーランドの国のアイデンティティを代表するものとして認識されてきた。

たとえば、ラグビーのオールブラックスが、試合の前に披露するハカなどは、その典型だろう。フラッグキャリアのニュージーランド航空に搭乗しても「キア・オラ」とマオリ語の挨拶が表示された画面に迎えられる。

そして、マオリ文化の継承と観光を融合した施設として、非常に成功しているのが、北島のロトルアにあるテ・プイアである。

世界有数の地熱地帯で、温泉に恵まれ、間欠泉が点在するロトルアは大地の恵みを活用し、早くからマオリが定住したエリアでもあった。

そうした地熱地帯の代表的なものが、テ・プイアの敷地に広がるファカレワレワ地熱地帯である。豪快に温泉を吹き上げる間欠泉は、一度に吹き上げる湯量の多さでは世界一の規模だという。

このファカレワレワ地熱地帯は、早くからニュージーランドを代表する観光地だったが、その自然景観とマオリ文化の継承を融合させたのが、現在のテ・プイアになる。

文化継承を象徴するのが、先にあげた六七年に設立された学校、すなわち、マオリ芸術工芸学校である。

マオリは、ハワイなど、ほかのポリネシアの文化同様、文字を持たない。そのため、彫刻などの美術工芸で、自分たちの歴史を伝えてきた。彼らにとって彫刻などの工芸は、文化の根源を支えるものなのだ。

入学条件は、マオリの血を引いた男性であること。定員は一学年五名の三学年と、ごく小規模な学校。実際に彫刻などを制作する様子を見学することができる。

長年、観光地として親しまれてきた地熱地帯と、この芸術工芸学校、そしてダンスなどマオリ文化を紹介する施設全体を「テ・プイア」と総称するようになったのが二〇〇五（平成十七）年のことである。

テ・プイアの特徴は、国立の施設であることだ。しかし、国から資金的な援助は受けず、マオリが主体になって独自に運営し、利益はすべて地域やマオリ文化の保護や啓蒙に還元している。

こうした先住民族による観光施設は、世界各地にあるが、ニュージーランドにおける人気観光スポットでもあるテ・プイアは、おそらくもっとも成功した事例といえる。マオリが世界でもっとも観光的に成功した先住民と言われる理由のひとつが、このテ・プイアだと言ってもいい。

それゆえだろう、実は、テ・プイアは、北海道の白老町に二〇二〇年、開業が予定されている国立のアイヌ民族博物館・国立民族共生公園のモデルケースにもなっている。

白老には、現在もアイヌ民族博物館があるが、これを二〇一八（平成三十）年三月末でいったん閉館し、「民族共生象徴空間」として、ふさわしい体制を構築し、再構成しようという文化庁のプロジェクトである。

同博物館は、一九六五（昭和四十）年、アイヌ民族が居住する場所をポロト湖畔に移転し、ポロトコタン（大きい湖の集落）として営業を開始したのが起源とされる。その後、八四（昭和五十九）年に博物館が開業した。スタートの時期は、テ・プイアとあまり変わらないが、成功したテ・プイアと比較すると、遅れをとってきた感があるのは、国内におけるマオリとアイヌの存在感の差でもあるのだろう。

すでにテ・プイアと白老は、人の交流などが始まっているが、二〇二〇年の開業に向けて、より積極的なマオリとアイヌのコラボレーション企画が計画されているという。テ・プイアは、これまでもマーケティングに予算をさき、積極的に動いてきた実績がある。旅行会社や航空会社に対して、提供できるプロダクトを常にアップデートし、テ・プイアの魅力を発信している。三カ月に一度、発刊されている機関誌を見ると、多彩なイベントやアイディアが実に盛りだくさんだ。

たとえば、マオリ現代文化とファッションを融合したファッションショー、SNSなどで多用されている絵文字のマオリバージョン「Emotiki」（ティキとは彫刻像のこと）の製作、さらにポケモンGoのキャラクターが敷地内にたくさんいることのアピールなど。特徴的なのは、現代人の興味や関心と積極的にリンクしていることである。

これらを見ると、日本においてもアイヌ文化は、北海道観光の新たな可能性を切り開く大きな可能性を秘めていることがわかる。

日本でラグビーのワールドカップが開催される二〇一九年には、ニュージーランドのオールブラックスを前面に出したＰＲのほか、日本各地でマオリの文化イベントも予定されている。

アイヌとマオリは、同じ環太平洋の先住民ということで、文化的に似た要素も多い。自然を畏敬し、共生する生き方、文字を持たない一方で洗練された造形文化などだ。日本では、すっかり消滅してしまったが、入れ墨も実は共通する文化だ。

日本では反社会勢力の象徴と見なされてきた歴史から、ネガティブな印象が強く、インバウンド時代の今、しばしば温泉施設などで問題になっているが、今後、マオリとアイヌの文化啓蒙から、そうしたことへの認識改革も進むとうれしい。

日本でも近年、漫画『ゴールデンカムイ』のヒットなど、アイヌ文化への興味が広がりつつあるが、観光にこそ、その魅力が果たす潜在的可能性は大きいのではないか。

（二〇一七年八月号）

「虹の国」が歩んだ二十年

一九九四（平成六）年五月、私は、南アフリカ史上初めて行われた普通選挙で大統領に選出されたネルソン・マンデラが割れるような拍手に迎えられ、体全体でリズムを刻みながら壇上に上がっていく様子を感慨深くテレビで見ていた記憶がある。

地球の裏側のニュースにわがことのように興奮したのは、そのちょうど二年前、南アフリカを訪れていたからだった。反アパルトヘイトの日本政府による経済制裁が解除になったのは、その年、九二年のこと。当時、台北発ヨハネスブルグ行きの南アフリカ航空は、まだ上空を飛ぶことを許されない国が多かったのか、インド洋を大きく迂回しながら、終わらない夜を追いかけるように飛んでいた。

忘れもしない、初めての南アフリカ。そして、私はインダバに参加したのである。

インダバとは、ズールー語で長老たちが集まる「会議」を意味する。七九年以来、総選挙のあった九四年を除いて毎年、主に商業都市ダーバンで開催されてきたアフリカ最大のトラベルマートである。

あれから二十一年、その後、アフリカに魅入られて、南アフリカだけでも七回ほど訪れたが、原点ともいうべきインダバにまた戻って来るとは思わなかった。アフリカらしいビートの効いた歌とダンスで始まった開会式で、私は、言いようのない感慨を覚えていた。

開幕に当たり、観光大臣のスピーチでは、盛んに「二十年」という数字が強調された。私が南アフリカと出会ってからの年月は、そのままこの国が、自由とデモクラシーを獲得し、新しい国造りに取り組んできた日々と重なる。そして、それは観光業の躍進とも重なる。二十年前の九三（平成五）年、三百四十万人だった南アフリカへの渡航者数は、二〇一二（平成二十四）年には千三百万人を超えた。そのうち九百万人が観光客である。

「虹の国」（レインボーネイション）とは、ナチスのホロコーストなどと並び「人道に対する罪」とまで言われたアパルトヘイトを脱却し、大統領となったマンデラが、母国に冠した名称である。だが、「虹の国」の歩んだ二十年は、決して平坦なものではなかった。所得格差の拡大や治安の問題、政治の権力闘争など。そうした南アフリカにマンデラ政権樹立の興奮と希望を再び与えたのが二〇一〇（平成二十二）年に開催されたサッカーワールドカップの成功だったのではないだろうか。

直前まで開催自体さえ不安視されていたにも関わらず、ふたを開けてみれば、世界中から集まった選手やサポーターは、この国の人々のパワフルな明るさと温かさにたちまち魅了された。事件や事故がおきることもなく、大成功と言ってよかった。

ワールドカップは、もちろんスポーツのイベントだが、集まった多くの人々をもてなし、満足させたことにおいて、観光業とアフリカンホスピタリティの功績は大きかった。さらに、それは、人々によって支えられる観光業という産業の未来と可能性が再認識されるきっかけともなったのではないだろうか。日本人の南アフリカへの渡航者数もワールドカップを契機に、最近、著しく数が伸びている。困難なことも多かった「虹の国」の二十年の歩みの中で、ことさらに誇らしく輝かしい記憶とともに観光業はある。

二〇一三（平成二十五）年のインダバのテーマは「ヘリテージ＆カルチャー」だった。会場内には特設会場も設けられていた。私は、その一隅に掲げられたネルソン・マンデラの言葉に引きつけられた。

〈この美しい国が、決して、決して、決して再び、お互いを弾圧をする経験を再びすることがありませんように〉

「この美しい国」という語句が太字になっていた。

南アフリカは美しい国である。

野生動物に象徴されるダイナミックな大自然、フィンボスと呼ばれる植物の色鮮やかな花々、瀟洒なヨーロッパ風の町並みがあるかと思えば、原色のアフリカンカラーに彩られた文化がある。

ヘリテージ&カルチャーとは、単にアフリカとヨーロッパ、さらにはアジアも含めた多彩な文化が同居する南アフリカの複合的な文化の魅力だけを言っているのではない。異なる民族が同居する中で生まれたアパルトヘイトという負の歴史と、それを克服した希望の歴史のことも含まれる。

実際、インダバのヘリテージ&カルチャーのパビリオンでは、アパルトヘイト関連のミュージアムや黒人居住区のツアーなどの関係者もパンフレットを配っていた。

そうしたところは、たいてい黒人の担当者なのだが、私は、ひとりの白人女性に声をかけられた。一九六〇（昭和三十五）年に南アフリカで最初にノーベル平和賞を受賞したANC（アフリカ民族会議）議長を務めたアルバート・ルツーリのミュージアムから来たという。そして、彼女は誇らしげに言ったのだった。

「私は、南アフリカで唯一の白人のアパルトヘイト関連施設の責任者なのよ」と。

インダバの会場であるダーバンの国際会議場は、まさにそのルツーリの名前が冠されていた。そこで、彼のミュージアムを任された白人の担当者と会う。「虹の国」の歩んだ二十年が、私の目の前にあった。

観光局主催のファムツアー※の一員としてインダバに参加した私は、その後、南アフリカの人気観光ルートを廻った。旅の終わり、ブライデリバーキャニオンという風光明媚な景勝地に立ち寄った。

同行していた南アフリカ航空の旅客営業部長は、私と同い年の女性で、私が南アフリカを初めて訪れたのと同じ頃、同社に入社したとのことだった。入社当時、フライトアテンダントなどお客と接する仕事は、すべて白人で、黒人は裏方だけ。従業員が使う施設も白人、黒人に分かれていたと語ってくれた。

リスボン滝というところを訪れた時のこと。現地の学校の遠足だろうか、先生に引率された子供たちの姿が見えた。先生は白人で、子供たちは黒人が多いけれど、白人も混じっている。楽しそうにお土産を物色する彼らを見ながら、その彼女が、感慨深く言った。

「いい国になってよかった」と。

南アフリカの魅力は、何よりも、この美しい国に生きる人々なのだと思った瞬間だった。

（二〇一三年七月号）

※ファムツアー……旅行先のプロモーションのため、旅行代理店やメディアの人たちを招待する旅行のこと。近年は、ＳＮＳを発信するブロガーやインフルエンサーも対象になっている。

パプアニューギニアの村にて

パプアニューギニア、マウントハーゲンの黒魔術師

第五章

ホテルをめぐる物語

ソウェトのホテルにて

思えば、マンデラ元大統領が亡くなる直前のタイミングでソウェトを訪れたのは運命的な偶然だった。

南アフリカ最大の黒人居留地。アパルトヘイトの時代、法律によって有色人種は住むところを定められ、それらはタウンシップと呼ばれた。ヨハネスブルグの南西にあったので、サウス・ウェスト・タウンシップ。略して「ソウェト」。獄中生活のマンデラが、長年帰りたいと切望した、かつての自宅もここにある。

日本のガイドブックでは、治安の悪さばかりが強調されているのだが、そのソウェトに滞在したのは、昨年（二〇一三年）六月に開催されたアフリカ最大のトラベルマート、インダバでの出会いがきっかけだった。

ソウェトのブースには、廃材を利用した色鮮やなデザインのバッグが並べられていて、私は足を止めた。その時、バッグを制作した女性アーティストの隣に立っていたのが、ソウェト唯一のホテル、ソウェト・ホテル＆コンファレンスセンターの総支配人だったのである。

十一月にもう一度、南アフリカに来る予定があるというと、ぜひホテルに来てほしいと誘われた。総支配人は、ハイアットとインターコンチネンタルに勤めた経験がある、穏やかな物腰の紳士だった。その人柄に惹かれて、私はソウェトに行くことを決めたのである。

空港に迎えに来たドライバーは、ソウェト生まれのソウェト育ち。名前をタボホといった。黒い肌に真っ赤なユニフォームがよく似合う。

車がソウェトにさしかかると、前方に巨大な二つのタワーが見えてきた。タボホが「ソウェトのシンボルだよ」と教えてくれた。

タワーには、インダバのブースで出会った女性アーティストの作品を思わせる、カラフルな色彩のイラストが描かれている。見上げると、二つのタワーの間に渡された吊り橋のようなところから、人がジャンプしているではないか。なんと、バンジージャンプなのだった。

だが、いかにも陽気な印象に彩られたタワーの横には、巨大な四角い廃墟が連なっていた。旧発電所とのことだった。タワーは、その煙突だったらしい。

私は、旅の直前、にわか勉強で読んだ本に書いてあった発電所の話を思い出した。アパルトヘイトの時代、ヨハネスブルグの白人居留地に送電するための発電所がソウェトに建設された。当時、ソウェトに電気などのインフラは整備されておらず、夜になると一面の闇に包まれた。その闇の中にそびえていた、白人のための発電所。それは、背筋が寒くなるほどに壮絶な歴史の生き証人だった。今も残る送電線は、ソウェトではなく、ヨハネスブルグに向かって続いている。

抑圧されていた時代の象徴ともいえる旧発電所を、忌々しいと捨て去るのでもなく、整然としたモニュメントにするのでもなく、カラフルなイラストで染めて、アミューズメントパークにしてしまう。そのパワフルなポジティブさが、ソウェトの魅力だった。

ところが、そんなソウェトのシンボル、旧発電所のことが、日本のガイドブックには、まったく記されていなかった。

もうひとつ、現在の南アフリカにとって、国家の魂とも言える場所がソウェトにあるのだが、そこもまた、日本のガイドブックにはまったく記述がない。自由広場、またはウォルター・シスル広場と呼ばれるその場所に、ソウェト・ホテル&コンファレンスセンターは建っていた。


翌日は、終日ソウェト観光をリクエストしたのだが、フロントに降りてゆくと、ドライバーのタボホはいなくて、最初は、近くの見どころを徒歩で巡ると告げられた。待っていたのは、TKと名乗る、ドレッドヘアのガイドだった。

到着した時は気づかなかったのだが、ホテルのエントランスの真向かいに博物館があった。そこで、私は、その場所の真実を知った。

一九五五（昭和三十）年六月二十五日と二十六日の二日間、ソウェトのクリップタウンと呼ばれたこの場所で、後に南アフリカの新憲法の基になる「自由憲章」が採択されたのである。

その日、三千人余りの人たちが広場を埋め尽くした。ほとんどが黒人だったが、インド人やカラードと呼ばれる混血の人たちもいた。少数ではあるが白人もいた。ネルソン・マンデラの自伝『自由への長い道』には、次のように記されている。

〈緊張感に満ちていながら、お祭りのような雰囲気も漂っていた。一日目の午後、参加者に向かって、〝自由の憲章〟が一節ごとに、英語、セソト語、コーサ語で高らかに読みあげられた。そして、一節ごとに、参加者たちが、「アフリカ！」とか「マイブイェ」とか叫んで賛同を示した。（中略）二日目も、前日とだいたい同じように進んだ。憲章が一節ごとに、大きな喝采とともに採択されていく。そして、午後三時半ごろ、最後の採択が行われようとしたとき、警察と公安官の大部隊が、軽機関銃を振りかざしながらなだれ込んできた〉

ホテルの前にあったのは、この出来事と「自由憲章」を記念した博物館だった。ウォルター・シスルとは、ネルソン・マンデラの先輩格にあたるＡＮＣ（アフリカ民族会議）の幹部である。いずれも活動禁止令を受けていたふたりは、ひっそりと群衆に紛れて、歴史的瞬間を見守っていたのだ。

広場の再開発が始まったのは、マンデラが大統領に選出され、新政権が生まれた年、一九九四（平成六）年から数えて八年目のこと。ホテルが開業したのは二〇〇六（平成十八）年である。

ソウェトの人口は、現在、約四百万人。昔ながらのバラックが多いが、成功者の豪邸やショッピングモールもある。今や巨大な複合都市だ。しかし、ホテルは、いまだにこの一軒だけ。それでも、ホテルがあることが、人々の誇りなのだろう。資本家もソウェト出身の黒人である。

客室のベッドの上には、私たちにはあまり馴染みのない、若き日のマンデラの笑顔があった。そうか、それは自由憲章が採択された頃の彼の顔なのだった。

血気盛んな闘士だった青年は、二十七年の投獄を経て、和解と融和を説く不世出の政治家となった。二〇一四（平成二十六）年は、彼が南アフリカ初の黒人大統領となって二十年目の節目。自伝映画も公開になった矢先、類い希な英雄は天国に旅立ったのである。

（二〇一四年一月号）

ロックフェラーの愛したロッジ

アメリカを旅していつも思うのは、この国の本当の魅力は、ニューヨークやサンフランシスコといった大都市ではなく、大自然にこそあるということだ。

今回、訪れたワイオミングもアメリカらしい大自然の美しさにあふれたところだった。ワイオミングといっても日本人にはあまり馴染みがないかもしれないが、世界初の国立公園であるイエローストーンがあるところだ。

東京都のおよそ四倍、八九八〇㎢におよぶ壮大なイエローストーン国立公園は、一部がモンタナ州とアイダホ州にまたがっているが、主要部分はワイオミング州に属する。そして、その南側に続くのが、ワイオミングを代表するもうひとつの国立公園、グランドティトンである。

今回、ワイオミング州政府観光局の取材協力を得た私たちは、ユナイテッド航空のデンバー経由のフライトでジャクソンホール空港に入った。

ここはアメリカで唯一、国立公園内に位置する空港。グランドティトンの名前の由来となった山、グランド・ティトンとそれに連なるティトン山脈をすり抜けるようにして着陸する。大自然の懐に吸い込まれてゆくようなアプローチは圧巻だ。

それゆえか、発着するフライトは人気が高く料金も高め。さらに、尾翼にロゴマークのついた定期航空路だけでなく、白い機体のプライベートジェットも頻繁に離発着する。なぜなら、ジャクソン周辺は富裕層にことさら人気のリゾート地だからだ。たとえば、アメリカで最初のアマンリゾーツ、アマンガニもジャクソンにある。

アメリカの富裕層がジャクソンとグランドティトン周辺に憧れを抱くのは、絶景の山並みと手つかずの自然があるだけではない。先駆者ともいうべきロックフェラーがこの地を愛したことと無縁ではないのかもしれない。

彼の名前は、イエローストーン国立公園とグランドティトン国立公園を結ぶ道路、ジョン・D・ロックフェラー・ジュニア・パークウェイに残されている。

イエローストーンが世界初の国立公園になったのは一八七二（明治四）年のこと。岩倉使節団が訪米した年にあたる。イエローストーンを訪れた史実はないが、大陸横断の途中、ロッキー山脈で大雪に見舞われ、ユタ州のソルトレイクシティに長く足止めされた。日本ではまだチョンマゲ姿がいた時代のことだ。

一方、隣接するロケーションながら、グランドティトンが国立公園になったのは一九二九（昭和四）年のこと。しかも、この時、指定されたのは、公園の一部にすぎず、現在のエリアに拡大されたのは戦後の一九五〇（昭和二十五）年になってからである。この地域で牧場を営む人たちとの間に軋轢があったからだった。

その間、広大な土地を買収し、開発の手がおよばないようにしたのが、ジョン・D・ロックフェラー・ジュニアだった。そうした貢献に対するオマージュが、先にあげた道路の命名なのである。

彼が初めてグランドティトンにやってきたのは一九二六（大正十五／昭和元）年。国立公園の中ほどに広がるジャクソン湖に面したジ・アモレッティ・インという宿に妻と三人の息子とともに滞在し、数日を過ごした。そして、その美しい自然と恋に落ちてしまったのだ。

十九世紀までは探険家や毛皮商人しか訪れない、ワイルドな西部そのままだったグランドティトン周辺。だが、一九二〇年代になると、東部の富裕層が、そうした西部のライフスタイルを楽しみ、スポーツとしてのハンティングや釣りを目的にやってくるようになる。小説『華麗なるギャッツビー』などに描かれた、アメリカが「狂騒の二十年代」と呼ばれた時代のことだ。アモレッティ・ファミリーが家族経営するインは、当時、唯一の近代的な設備を備えた宿泊施設だった。

やがて、宿はジャクソン・レイク・ロッジと名前を変え、何度となく経営者が変わりながら、一九五〇年代を迎えた。

先にふれたようにこの頃、グランドティトン国立公園は現在の大きさになり、観光客が増え始めていた。彼らのために施設を整える必要があった。そこで乗り出したのが、この地をこよなく愛すロックフェラーだった。彼は資産を投じ、グランドティトン・ロッジ＆トランスポーティション・カンパニーを設立。新たなジャクソン・レイク・ロッジの建設に向けて動き出した。

アメリカの国立公園には、いくつか著名なクラシックホテルがある。イエローストーンのオールド・フェイスフル・イン、ヨセミテのアワニーホテル（現マジェスティック・ヨセミテ・ホテル）、グランドキャニオンのエルトバ・ホテルなど。どこも素晴らしいロケーションを誇るが、ジャクソン・レイク・ロッジの魅力は、天井の高いスケール感のあるロビーの正面に広がるピクチャーウインドーだ。エントランスを入って二階に上がると、目の前に開けるパノラマに息を呑む。

このロケーションを決めたのもロックフェラーだった。ピクニックランチを楽しむお気に入りの場所だったという。

そして一九五五（昭和三十）年六月十一日、ついに新しいジャクソン・レイク・ロッジが開業した。

ロビーのパノラマビューには、窓に張り付くようにして景色を楽しむゲストがいつもいる。ティトン山脈を背景にした大草原を野生動物が横切ることもある。

夜の帳が下り、あるいはきまぐれな雲が山を遮ると、にわかに目立つのが、館内の至るところに飾られたアート作品だ。これもロックフェラーのこだわりだったというが、地元の自然や文化、歴史に題材をとったものが多く、興味深い。

大自然とそれを守った大富豪の心意気。アメリカの魂を感じさせるロッジには、ニクソン、カーター、レーガン、クリントンなど、歴代の大統領も逗留している。

一九六三（昭和三十八）年、ケネディ大統領が宿泊した時に出迎えたのは、ジョン・D・ロックフェラー・ジュニアの息子、ローレンス・ロックフェラーだった。ロッジ完成に精魂を込めた父は一九六〇（昭和三十五）年に他界していた。そして、その年の十一月、テキサス州ダラスで、ケネディは暗殺者の銃弾に倒れたのだった。

（二〇一七年十一月号）

クラシックホテルとは何か

アメリカ、カリフォルニアのリバーサイドという町にザ・ミッション・イン・ホテル&スパというクラシックホテルがある。ここを訪れた時に感じた不思議な既視感は、今も忘れることができない。

創業は一八七六（明治七）年。その二年後に創業した箱根の富士屋ホテルと、二十世紀前半のある時期、オーナー同士が親しい友人だった。

花が好き、鳥が好き、建築が好き、人を面白がらせるのが好き。当時の経営者、フランク・ミラーと山口正造は、趣味趣向もよく似ていた。だからこそ二人は、戦争に向かう不幸な時代にあっても友情を持ち続けていたのだろう。

しかし、フランクは一九三五（昭和十）年、正造は一九四二（昭和十七）年に亡くなり、ホテルの経営もザ・ミッション・インは一九五〇年代半ば、富士屋ホテルは一九六〇年代半ばに、それぞれ創業家を離れた。その後、富士屋ホテルは同じ企業に所有運営されたが、ザ・ミッション・インは、いくつものオーナーの手に渡り、一時期は、廃墟寸前にまで追い込まれた。だが、一九八〇年代に地元出身のメキシコ料理レストランチェーンのオーナーが買収、現在に至っている。

二つのホテルは、一見して似ているわけではない。

ザ・ミッション・インは、スペインのカトリック教会がカリフォルニアにおける宣教のため、各地に建てた伝道所（ミッション）のスタイルを取り入れた建築。一方の富士屋ホテルは、寺社建築と擬洋風建築で日本的な世界観を演出する。

だが、二つのスタイルは、いずれもホテルのロケーションに題材をとり、それを大胆にデフォルメしながら、独自の世界観をホテルにした、その発想が似ているのだ。

しかも、それぞれの建築は、正統派の生真面目なものではなく、さまざまな意匠がバロック的に混在し、増築を重ねたがゆえに館内は迷路のようで、ホテル全体が、テーマパークのように楽しい。それこそが、私が感じた不思議な既視感だった。

そして、テーマパーク的空間ゆえか、今は、ウェディングが主要なマーケットであることも共通していた。二つのホテルには、いずれも比類ない非日常空間で、人生の門出を言祝ぐ喜びに溢れたカップルと家族のはじける笑顔があった。

ザ・ミッション・インと富士屋ホテルのそうしたシンクロニシティは、たまたまフランク・ミラーと山口正造という二人のキャラクターが似ていたがゆえの偶発的なものだったのだろうか。

だが、もうひとつのアメリカのクラシックホテルを訪れて、創業者の夢が非日常の世界を形成し、それがテーマパークのように楽しい空間を誕生させる、これは、クラシックホテルのひとつの類型かもしれないと思うようになった。

それが、コロラド、コロラドスプリングスのザ・ブロードモアである。創業は一九一八（大正七）年。今年（二〇一八年）でちょうど百周年を迎える。

鉱業などで成功を収めた企業家のスペンサー・ペンローズはコロラドスプリングスの広

大な土地を買収。スコッツ・フィッツジェラルドの『華麗なるギャッツビー』に象徴されるジャズエイジ、すなわち「狂乱の二十年代」の前夜、西部開拓の最前線だったコロラドに、当時、アメリカの繁栄を象徴する建築を手がけ評判を得ていたワレン&ウェットモアを招聘。イタリアン・ルネッサンススタイルのお城のようなホテルを建てたのだった。

地元の題材でなく、ヨーロッパ文化にこだわったのは、「全米一のホテル」にしたい夢があったからという。「ロッキーの貴婦人」と称されたホテルは、敷地内にゴルフコースなどのスポーツ施設を備えた複合リゾートの先がけでもあった。

ペンローズは、さらに「アメリカ・ザ・ビューティフル」という歌の発祥となったアメリカを象徴する山、パイクス・ピークに登山鉄道と自動車道路を整備する。地域開発も含め、地方からその国で一番のホテルを目指した心意気は、富士屋ホテルにも通じる。

ワレン&ウェットモアが手がけたホテルとして、ピンクパレスこと、ハワイのロイヤルハワイアンがあるが、ザ・ブロードモアは、一九二七(昭和二)年創業の同ホテルよりも早く誕生したピンクの宮殿だ。そこには、ディズニーランドのシンデレラ城にも似た夢の世界が広がっていた。

日本でザ・ブロードモアを知る人は少ないが、アメリカでの知名度は絶大。さらに地元コロラドでは圧倒的だ。それはザ・ミッション・インにも共通する特徴である。

それは、さらに日本のクラシックホテルにも共通している。リージョナルに知名度が高く、かつて外国人向けだったにもかかわらず、現在は、国内マーケットが主な客層である。

アジアのクラシックホテル、すなわち香港のザ・ペニンシュラやシンガポールのラッフルズ、インドのタージ、バンコクのマンダリン オリエンタルなどが、インターナショナルチェーンのフラッグシップとなっているのとは対照的である。戦後のアメリカと日本は、世界第一と第二の経済大国となったことで、国内需要がそれなりに大きかったのが、国内マーケットを向いた理由なのかもしれない。

クラシックホテルとは、歴史を重ねて、ある時からそう呼ばれるのであって、最初から〝クラシックホテル〟として創業されるのではない。だが、創業の心意気が熱く、建築や意匠、あるいはホテルに込められた思想が卓越したものであると、時を超えて、人格とも言えるような存在感が備わるのだと思う。ホテルとは本来、時代にあわせて変化するものだが、変化しないことに価値が存在するようになったホテルをクラシックホテルと呼ぶのではないだろうか。

そうしたホテルは、創業者亡き後、あるいは創業家が経営を離れた後も、価値を認め、伝統を継承しようとする経営者があらわれる。ザ・ブロードモアも創業者の死後、彼が設立した財団の運営を経て、一九八九（平成元）年に次の経営者、さらに二〇一一（平成二十三）年に現在の経営者が受け継ぎ、今は盛んに新たな投資がされている。

しかし一方で、博物館ではなくホテルである以上、現代のニーズに合った快適性が求められる。何を変えて、何を変えないか。クラシックホテルには、正解の見えない命題と対峙する宿命もまたある。

（二〇一八年二月号）

絶景ホテルとナバホの歴史

部屋に入ったとたん、窓の外に広がる絶景に息をのんだ。

メサと呼ばれる台形の岩が点在する赤い大地が眼前に広がっていた。

眺めの良さを売りにするホテルは、いくらも知っているけれど、これほどの絶景ホテルは、そうあるものではない。

その名は「ザ・ビュー・ホテル」。名称に偽りはなかった。

アメリカ南西部、モニュメントバレー。西部劇の名作「駅馬車」ほか、多くの映画のロケ地として知られる景勝地の真ん前にホテルは立つ。

モニュメントバレーがあるのは、ユタ州とアリゾナ州にはさまれたナバホ族の居留地だ。

グランドキャニオンのような国立公園ではなく、ナバホ族が管理する公園、ナバホ・トライバル・パークと呼ぶ。

さらにここは、独自の自治組織をもつナバホ・ネイションの一部でもある。自分たちの議会を持ち、大統領も選出するナバホ・ネイションは、アメリカ合衆国の中にある、もうひとつの小さな国だ。

ザ・ビュー・ホテルもまた、ナバホが所有し、ナバホが運営するホテルである。

周辺には、少し離れたところにもう一軒、「ゴールディングスロッジ」という宿がある。創業者のゴールディングス夫妻とジョン・フォード監督の出会いから映画「駅馬車」のロケ地にモニュメントバレーが選ばれたという。二〇〇八（平成二十）年にザ・ビュー・ホテルが開業するまで、ここがモニュメントバレーにもっともアクセスのいい宿だった。

だが、ザ・ビュー・ホテルのロケーションは今や圧倒的だ。ナバホの居留地ということで、外部の資本が入ることもないのだろう。唯一無二の一軒宿である。

同ホテルの社長を務めるのは、アルマンダ・オルテガという若き女性。母親の家系はナバホ、父親の家系は、ネイティブアメリカンのブランケット製品やインディアンジュエリーのブランドとして知られるオルテガ社で成功を収めた一族。ナバホの聖なる土地で、ネイティブアメリカンのビジネス成功者のＤＮＡを引く女性が開業したホテルなのだ。

ハイシーズンの七月、半年近く前に予約したのだが、すでにホテルのウェブサイトでは満室だった。あらゆる予約サイトを検索して、ようやく部屋を見つけた。日本での知名度は高くないが、究極の絶景ホテルには世界中から予約が殺到する。

ハイシーズンでもツインルームであればルームチャージは二百ドル台後半。決して高価なラグジュアリーホテルではない。だが、ここに泊まること、それ自体が、一生に一度は体験したい最高の贅沢だ。

フロントデスクには、日の出と日没の時刻が張り出してある。絶景がもっとも美しい表情を見せるのが、この時間帯。それをひとり占めすることに宿泊の醍醐味はある。

日没の時間帯、絶景レストランの窓際の席を確保した。暮れなずむ光の中で赤く染まってゆくモニュメントバレー。日中の光とはまったく違うドラマチックな表情がそこにあった。

そして日の出の時刻、今度はホテルの外観とその横にそびえる巨大なメサが赤く染まる。瞬間、ホテルの建物それ自体も、聖なる岩のように荘厳な表情になる。

モニュメントバレーでは、ホテルだけでなく、観光ツアーもすべて、ナバホの人たちによって運営されていて、私たちは、自然にここがナバホの国であることを意識する。それもまた、モニュメントバレーを旅することの意味である。


ナバホの歴史の中で、もっとも大きな存在感をもって語られるのが「ナバホ・コード・トーカーズ」の英雄たちの物語だ。

ナバホ・コードとは、太平洋戦争で用いられた、ナバホ語を使った暗号を指す。硫黄島をはじめ、ガダルカナル、沖縄などの激戦地で、米軍の暗号として使われたのがナバホ・コードだった。日本軍の暗号が解読されていた一方、日本軍は最後まで難解なナバホ語を用いた暗号を解読することができなかった。日本軍が敗北した理由のひとつだったと言っても過言ではない。この暗号を駆使したナバホの兵士たちをナバホ・コード・トーカーズと呼ぶ。

私が彼らの存在を知ったのは、一冊の写真集がきっかけだった。ナバホ・ネイションの首都ウインドロックに住む日本人写真家によるもので、二重の日本との縁に驚いた記憶がある。

ナバホ・コードは、戦後もしばらく、冷戦の時代に再び使われることを想定して、最高機密であり続けた。その存在が公になったのは、一九八二（昭和五十七）年、レーガン大統領による表彰が行われた後である。写真家は、コード・トーカーズの存在がまだ知られていなかった時代から、彼らのポートレートを撮ってきたという。

モニュメントバレーに向かう途中、国道163号線に折れる分岐にカイエンタという町がある。コード・トーカーズの展示は、モニュメントバレーのビジターセンターにもあるが、なんと、ここカイエンタのバーガーキングの店内にもある。

オーナーがトーカーズだったかららしいが、二〇一四（平成二十六）年に最後のトーカーズが亡くなったから、すでに代替わりしているだろう今も、店内はトーカーズのミュージアムのようだった。日本軍の遺品などもあって、ナバホの土地で見るそれらは、不思議な印象を与える。

太平洋戦争の英雄として戦ったナバホだが、その一世紀ほど前には、民族浄化で排斥された悲しみの歴史もある。象徴として語られるのが、自分たちの土地を追われ、強制収容所に徒歩で連行された「ロング・ウォーク」だ。非情な命令を下したのが奴隷解放で知られるリンカーン大統領と知って、二度驚いた。

アメリカの大地には、私たちの知らない歴史がまだまだある。そうした歴史を経て、自分たちの土地を取り返してきた歩みの先に、ナバホ・ネイションがある。

若者たちの多くは、自発的に第二次世界大戦に従軍したという。その理由は「自分たちの土地を守るため」だった。アメリカの広大な国土の中にナバホ・ネイションも含まれる。日本軍は、かつて白人の入植者たちがそうであったように、彼らにとって、自分たちの土地を再び脅かすかもしれない「敵」だったのである。

（二〇一八年九月号）

アマン東京の革新

それは、見たことのない東京だった。

東京大手町の街並みは見慣れているはずなのに、「アマン東京」の大きなピクチャーウインドーを通して見た東京は、初めて見る風景のように思えてならなかった。

そう思った理由は何だったのかと自問自答する。とてつもなく高い天井高のせいだったのか。あるいは、これまで多くのアマンリゾーツを手がけてきた建築家ケリー・ヒルの感性によって再構築された「日本的なる世界」の持つ何らかの要素が、その先の風景にある種のエキゾティズムを与えているのか。見たことのない東京を見るような、何とも不思議な感覚が、アマン東京の第一印象だった。

ケリー・ヒルのデザインした空間は、極めて日本的でありながら、しかし、明らかに日本そのものではなかった。ロビーも客室もスパもそうだった。

その理由がスケール感であることに、やがて私は気づく。従来の日本的なるものよりも、なんだかすべてが大きいのである。ふいに以前、京都の俵屋の女将が話していたことを思い出した。

俵屋が京都にしかない理由、それは京都の寸法でなければ、俵屋は俵屋たり得ない、と言うのだ。だから、海外はもとより、国内でも出店はできないと彼女は語った。その言葉が意味するのは、かたちが同じでもスケール感が異なれば、異なる世界になるということだ。

見慣れたはずの東京の眺望が、見たことのない風景に見えた理由も、そうか、天井高を含めたスケール感のせいだったのかもしれない。

かつて東南アジアや、さまざまな国々でアマンが行なってきた、その国の建築的、文化的なエッセンスをアマン流に再構築するという手法を日本の東京という舞台で展開したのが、まさにアマン東京なのである。アマンの、エキゾティックでありながら、しかし、決してその国そのものでない、という世界観は、しばしば指摘されるところだが、こうして日本で展開されることによって、そのことにあらためて気づかされる。

日本的なもの、といえば、スパに本格的な大浴場が併設されていたのにも驚いた。東京のラグジュアリーホテルでは、おそらくホテル椿山荘東京と、ザ・プリンスパークタワー東京とここくらいだろう。惜しむべくは温泉ではないことだが、高層階ならではの眺望は素晴らしく、東京の夜景を見ながらお湯に浸かるのは至福の時間だった。

そして、アマンといえば、プールである。アマンプリのブラックプール、アマンダリのインフィニティプール。創生期のアマンによる視覚的美しさを追求したプールは、その後、世界のリゾートの定番となった。

アマン東京のスイミングプールは、ごくシンプルなデザインながら高い天井高の空間に、リゾートのアマンで見るようなデイベッドがゆったりと配置されていた。

プールから見た夕日の美しかったことも忘れられない。オレンジ色の光の中に薄墨色のビルがシルエットになって浮かび上がる。都内随一という三十メートルあるプールは、なかなか泳ぎがいがあった。水の中から東京の夕日を見ていると、地球の裏側からここに旅してきたような、不思議な感覚にとらわれた。今回、取材目的でなく、ただゲストとして泊まっていた開放感がまた、そう感じさせたのかもしれない。

そうか、見たことのない東京とは、旅人の視線から見た東京ということでもあったのかもしれない。


アマン東京のソフトオープンは昨年(二〇一四年)末。私が泊まったのは、グランドオープン前のタイミングだった。宿泊客以外のゲストはディナーの予約客のみという状況は、東京の都市ホテルに本来ある喧噪を遠ざけていた。それもまた、アマン東京の空間から東京の日常を排除し、窓の外の風景を、見たことのない風景に見せていた理由だったのか。

ところで、アマンといえば、「アマンマジック」とも称される独特のホスピタリティが有名だ。たとえば、そのひとつが、館内で食事や飲み物を注文した時、ゲストにいちいちサインさせないこと。小規模なホテルで、スタッフが滞在している客の顔をすべて把握し、そして、外来客の出入りが少ないリゾートだからこそ可能になるサービスである。

アマン東京でも、少なくともソフトオープンの現状では、サインを求められることはなかった。だが、今後、外来客が多くなれば難しいかもしれないとのことだった。

現在、アマンリゾーツは、創業者エイドリアン・ゼッカの手を離れ、新しいオーナーのもとで、新たな展開を迎えている。現オーナーの就任メッセージの中で印象に残ったのが、今後は、リゾートのみならず都市にも積極的に進出するとのコメントだった。

アマン東京は、日本初進出というだけでなく、アマンニューデリー（現在はチェーンから外れている）など、これまで都市進出は限定的だったリゾート主体のホテルチェーンの都市への挑戦という意味においても、新生アマンの試金石なのだ。

そして、もうひとつ、アマン東京には、日本の都市ホテルとしては前代未聞の革新がある。それは、宴会場施設を一切持たないことだ。プライベートダイニングのスペースがあるが、これとてレストランの個室に過ぎない。婚礼の施設もない。宴会収益を宿泊以上に重視してきた日本の都市ホテルの伝統からしたら、まさに常識破り。完全宿泊特化のスーパーラグジュアリーなのである。

夕食、朝食、アフタヌーンティーと堪能したが、特筆すべきは朝食だった。全部で四種類のフレッシュジュースから始まり、山盛りの新鮮な野菜と果物のプレート、種類豊富なパン、アメリカンブレックファストであれば、これに卵料理と別盛りの付け合わせが付く。

一つひとつの素材も吟味してあり、大変美味しかった。
これまでの人生で体験した朝食の中で五本の指に入るほどの大ご馳走ブレックファースト。それがリゾートの時間の流れでゆったりとサービスされる。それもまた、東京にいるとは思えない瞬間だった。

（二〇一五年四月号）

——二〇一八年八月、多くのアマンリゾーツを手がけた建築家ケリー・ヒルは亡くなったが、遺作となるアマン京都が、二〇一九年十一月に開業する。

林愛作の先見性

先日、放映になった「甲子園ホテルの想い出」というBSの番組で取材を受ける機会があった。

甲子園ホテルとは、昭和初期から戦後まぎわまで、わずか十四年間だけ存在したホテルである。帝国ホテルの旧ライト館を彷彿とさせるその偉容を人々は「西の迎賓館」と呼んだ。似ているのもそのはずで、甲子園ホテルを設計した遠藤新《あらた》は、ライト館建設当時、フランク・ロイド・ライトの弟子だった。そして、開業時の総支配人、林愛作《あいさく》は、帝国ホテルにライトを招聘した人物だったのである。

番組は、これまであまり注目されることのなかった遠藤新という建築家に焦点を当てたものだったが、私が話をしたのは、その遠藤がライトと出会うきっかけともなったホテルマン、林愛作のことだった。

思えば、番組出演のきっかけとなった『帝国ホテルライト館の謎』(集英社新書)という本を書いたのも、フランク・ロイド・ライトに興味があったというより、二十世紀の建築の巨匠に振り回された、といった感のある林愛作の人生に興味があったからだった。

同書を出版して十年余り、私が取材した当時の関係者の多くが亡くなり、情報提供者は孫の世代になっていた。あの頃、存在したいくつかの確執が時間とともに消えたということなのか、当時、見ることのかなわなかった新資料を目にし、そして、インタビューに答えながら、私は、あらためて林愛作というホテルマンの功績に想いをめぐらせていた。

甲子園ホテルを「西の迎賓館」とするならば、一八九〇(明治二十三)年、政府の肝いりで開業した帝国ホテルは、「日本の迎賓館」であった。しかし、開業後、ホテルの立ち上げは順調とは言えなかった。何人かの外国人支配人が替わった後、エミー・フライクというドイツ人支配人により、ようやく経営は安定するが、まもなく彼が急死してしまう。

一九〇九(明治四十二)年、そんな不運続きの帝国ホテルに、創業時から経営に深く関わってきた実業家、渋沢栄一が白羽の矢を立てた人物がニューヨークから招聘される。彼こそが、日本の古美術商、山本商会のニューヨーク支店長をしていた林愛作だった。

なぜ古美術商がホテルマンに、と思うが、『帝国ホテル百年史』は林のことを〈深い教養と才気の持ち主で、ニューヨークの社交界に受け入れられたほとんど唯一の日本人〉と評している。渋沢は、そんな林の社交術と人脈に帝国ホテルの未来を託したのだった。

そして、その人脈の先に、女性スキャンダルで仕事を干され、「失われた時代」と呼ばれる不遇の時を過ごしていた建築家、フランク・ロイド・ライトがいた。

林から帝国ホテルの新館建設を依頼されたライトは、失われた名声を復活すべく、渾身の力を込めて最高の傑作を仕上げようとした。その結果、工期は伸び、工費も膨れあがった。責任が建築家を招聘した林に迫ったことは言うまでもない。林は、ライト館の完成を待たずして、たまたまおきた火事の責任をとるかたちで辞任させられたのだった。

彗星のごとくニューヨークからあらわれ、ライト館という帝国ホテルにとって唯一無二のアイコンを残し、再び消えていったホテルマン、林愛作。その彼が、より明確に独自のホテル哲学を残したのが、甲子園ホテルだったのである。

それは、日本人による日本人のためのホテルというコンセプトだった。帝国ホテルのライト館を思わせる重厚な石造りの外観、華やかな装飾に彩られた宴会場やダイニングルーム。だが、客室は、一般の洋室のほかに、洋室のリビングルームと畳敷きの寝室からなる、いわゆる和洋室があった。甲子園ホテルの愛称そのものが物語るように、ホテルとは、外国人のための迎賓館であると考えられていた時代、日本人ゲストを意識した発想は斬新といってよかった。

建築家の遠藤新は、林愛作のホテル哲学を彼なりのセンスで咀嚼し、部屋を完成させたのだろう。甲子園ホテルの客室は人気を呼び、その評判を聞きつけた信州戸倉温泉の笹屋ホテルが遠藤に設計を依頼してきた。そうして誕生したのが、畳の座敷に椅子とテーブルをおいた板の間を組み合わせた客室だった。登録文化財「豊年虫《ほうねんむし》」として現在も営業しているそれらの部屋こそが、後に近代旅館の客室のひな形となったものである。

ライトに近い弟子たちの多くがそうであったように、遠藤新もライトのコピーと称されることに悩み、ライトを尊敬しつつも、その影響からの脱皮を模索もしたのだろう。だが、ホテルや旅館の建築という観点から見れば、林愛作とのパートナーシップで、遠藤は、誰の模倣でもない、確かな自身の足跡を残したのである。

近年、旅館の客室は、新たなかたちでの和洋室化がめざましい。寝室にベッドを置き、くつろぎのスペースを畳とするのが昨今の主流だ。畳で寝るよりベッドが楽になった日本人のライフスタイルそのものの変化が背景にはあるわけだが、日本ならではの住空間とホテルの客室を組み合わせる発想の原点は、林と遠藤の甲子園ホテルにあったかと思うと興味深いものがある。

プロデューサーは、「林愛作は帝国ホテルに来たことを後悔していたのでしょうか」と問うた。

遠藤新と理想を追求した甲子園ホテルだったが、経営陣との間に問題が生じ、開業から二年足らずで林は辞任している。彼の後半生は確かに疫病神に魅入られたかのようだった。しかし、林は、偶然出会ったホテルという職業を心底愛し、何度裏切られ、痛い目にあっても、性懲りもなくホテルに関わり続けた。林がホテルマンになったことを後悔していたと私は思わない。

帝国ホテルが一二〇余年の歴史を経て、今も日本を代表するホテルとしてここにある、最大の貢献者は、林愛作ではないかと私は思っている。結果として、自らが責任を負うことになったけれど、そして、非効率な建物だという批判もあったけれど、帝国ホテルが無味乾燥な官製ホテルから、日本を代表する魅力あるホテルに生まれ変わった立役者は、やはりライト館だと思うからだ。

さらにもうひとつ、林愛作が、旅館とホテルのスタイルを融合する発想の先駆者でもあったことも私たちは記憶にとどめておきたい。

（二〇一三年四月号）

洋々閣と富士屋ホテル

箱根の富士屋ホテルと日光金谷ホテルの社長を歴任した秋山剛康《たかやす》さんは、私と父娘ほどの年齢差があるけれど、クラシックホテルの歴史については、同志のような親しさで情報交換してきた仲である。その秋山さんから、ここだけは行かなければいけない、と言われていた宿が二つあった。

ひとつは、米国・カリフォルニア州のリバーサイドにあるミッションイン。創業は一八七六（明治九）年。その二年後に創業した富士屋ホテルと、戦前は、家族ぐるみのつきあいがあった。

ここは、すでに数年前、訪れる機会があった。日米関係に暗雲の立ちこめた時代にさえ、二つのホテルの間には親しい手紙のやりとりがあったことを発見し、その顚末は、拙著

『クラシックホテルが語る昭和史』（新潮社文庫／『消えたレジスターブック』文庫版）のあとがきに書いた。

そして、もうひとつが、佐賀県・唐津の洋々閣だった。

唐津のほうがカリフォルニアより近いのに、しかも洋々閣自体、秋山さんの話がなくとも、よく知られた名旅館であるにもかかわらず、私は今まで訪れたことがなく、今回ようやく念願の訪問が叶った。

現在、支配人を務めている五代目の正康さんから「養父が楽しみにしていますので」と言われていたが、実際、四代目の大河内明彦さんにお目にかかって、私は、あらためて、秋山さんがしばしば親愛の情を込めて「大河内くん」と呼ぶ、その人であることを知り、そして、洋々閣と富士屋ホテルをつなぐ特別な関係を知ったのだった。

一九五九（昭和三十四）年、早稲田大学を卒業した大河内さんと秋山さんは揃って、富士屋ホテルに入社した。大学卒がホテルに入社するのはめずらしかった時代、まして箱根のリゾートホテルに二人も入社した理由は、早稲田の卒業生だった当時の社長が、同じく早稲田卒の娘婿を支える同期が必要だと考えたからだろうと大河内さんは言う。

彼らが入社した前年に婿入りし、富士屋ホテルに入社した娘婿が、私の父、山口祐司という関係になる。

「コーネル大学に留学できると思ったんですけれどね」

大河内さんが富士屋ホテルに入社したその年、父、祐司は米国・コーネル大学への留学に旅立っている。もし株の買い占めをめぐる問題などおきずに、同族経営が続いていたなら、あるいは、その夢も叶ったのかもしれない。

だが、祐司の帰国した六一年頃から状況が変わってくる。そのあたりの事情は、『箱根富士屋ホテル物語』をお読みいただきたい。そして、同じ年、大河内さんは故郷に戻り、洋々閣の後継者となった。

もっとも、先代の父親は当時、旅館の廃業さえ考えていたというから、彼の熱意とビジョンがなかったなら、老舗旅館の歴史は途絶えていたかもしれない。

ほんの二年間の富士屋ホテルでの日々。だが、そこで学んだこと、体験したことが、後の洋々閣の原点になったと彼は言う。

「ホテルに来るアメリカ人は、自分たちには歴史がない、それが恥ずかしいと言っていました。彼らに対抗するには〝時〟を重ねたものでないと、日本的なものでないと勝てない。だから、受け継いだ建物を壊すつもりはありませんでした」

昭和三十年代から四十年代、日本各地で、古い建物が壊され、鉄筋コンクリートのビルにとってかわられた。その潮流に、もちろん旅館業界も席巻され、団体客を受け入れる、いわゆる〝観光ホテル〟が次々と生まれていた。しかし、大河内さんは、それに背を向けるようにして、独自の信念を貫いた。

「新建材を使いたくなくて、一度に大規模な改装はしませんでした」

その姿勢を受け入れ、現在の洋々閣を造り上げたのが、建築家の柿沼守利氏である。一九一二（大正元）年と一九三三（昭和七）年に建てられた趣のある日本建築は、本来の美しさを保ちながら、少しずつ少しずつ、現代人にとっての居心地の良さも持ち合わせた、快適な空間に進化していった。

富士屋ホテルに学びながらも、大河内さんは、西洋式の食事やサービスではなく、純日本式の旅館スタイルにこだわった。今でこそ外国人旅行者は、旅館に泊まり、日本料理を食べたがるが、畳の部屋で布団に寝ることも、刺身や寿司を食べることにも抵抗があった時代、洋々閣では「和食を出すこと」にこだわり、外国人を受け入れた。それは、まさに先見の明といってよかった。

富士屋ホテルにも建築や意匠には日本の美が随所に取り入れられている。だが、豊かな装飾と色彩に彩られた、日光東照宮のような世界観とは対照的に、洋々閣がめざしたのは、は、谷崎潤一郎が『陰翳礼賛』に記した「陰翳」の美しさだった。

その世界観の違いを大河内さんは、興味深い視点で語る。

「富士屋ホテルがアメリカの西海岸だったのに対して、私は東海岸を向こうと思ったのです」

実際、唐津に近い佐世保にいた海軍は東部のアイビーリーグの出身者が多かった。息子に会いに来る彼らの両親がよく泊まりにきてくれたという。宝物を取り出すようにして私に見せてくれたのは、一九六〇年代に宿泊した外国人客のゲストブックだった。

一見すると、まるで対照的な富士屋ホテルと洋々閣。だが、誠心誠意のもてなしと日本の美しさに感激して記した言葉の数々は、不思議なくらい類似していた。

現在の洋々閣は、韓国やシンガポールなど、アジアの個人客が多いとのこと。長年欧米人中心だったのが、ようやくアジアにも顧客が広がってきたと微笑む。洋々閣のインバウンドの受け入れは、半世紀余りの年季が入っている。

洋々閣というと、先にあげた柿沼守利氏による、「陰翳」の美しさとモダンが同居した建築、そして、「生き様をわかった人に扱ってほしい」の一言から関係が始まったという唐津焼の名手、中里隆氏のギャラリーが有名だ。彼の作品を器に用い、旨い魚を食べさせる宿として、その名が広く知られている。だが、その原点にあったホテルの存在は、ほとんど知られていないのではないか。


（二〇一五年十二月号）

創業者のダンディズム

一九七八（昭和五十三）年に開業した「鬼怒川金谷ホテル」は、今につながるモダンな高級旅館という業態の先駆けであった。いち早く斬新なコンセプトを発想したのが、創業者にして、前年に開業を見ることなく亡くなった金谷鮮治である。

鮮治は、「日光金谷ホテル」の創業者、金谷善一郎の長女、多満の長男にあたる。善一郎と先妻のハナとの間には二人の息子と一人の娘がいた。長男の眞一は金谷ホテルの後継者となり、次男の正造は山口姓となって、箱根の富士屋ホテルの後継者になった。瓜二つの容貌で仲の良かった兄弟の妹になるのが、多満だ。その婿で一九三一（昭和六）年に鬼怒川温泉ホテルを開業したのが、婿の金谷正生《まさお》だった。

金谷家は、長男の眞一が日光、娘婿の正生が鬼怒川、それぞれで観光業を営み、戦後は別会社となった。

正生の跡を継いだ鮮治は、鬼怒川温泉ホテルの経営者という枠組を越えて、昭和の観光業に関わった人物だった。そのひとつとして、藤山愛一郎に望まれて、常務取締役としてホテルニュージャパンの設立に尽力したことがあげられる。後に不運な終焉を迎えたが、開業当時は、東京を象徴する華やかな社交場であり、業界で先駆けて和のスタイルを提言した先進的なホテルだったのだ。

鬼怒川のホテル経営者でありながら、彼の軸足は、東京にあったと孫の壌児は回想する。事実、長らく本社は東京に置いていた。


彼の美学が象徴的に花開いたのが、伝説のレストラン「西洋膳所ジョンカナヤ麻布」だったのではないか。ジョンは鮮治の愛称だった。

一九七一（昭和四十六）年、まだ日本のフランス料理はホテルが中心だった時代、贅を尽くした空間で、こだわりの食器で供する、懐石料理のエッセンスを取り入れた先進的なフランス料理。その初代シェフとして頭角をあらわし、後に「料理の鉄人」で「フレンチの鉄人」として一世を風靡するのが、「ムッシュ」こと坂井宏行である。

鮮治は、ヨーロッパで修業した経験のなかった坂井を自らヨーロッパ旅行に伴い、一流の店で食べ歩きをさせた。鮮治は、坂井にとって最良のパトロンであり、さらには息子のような存在でもあったと孫の壌児は感慨深く言う。

「本当の息子であった父の輝雄は、ムッシュに焼き餅を焼いていたのではないかと思います」

だが、開業後、わずか六年で鮮治は他界してしまい、坂井は独立して「ラ・ロシェル」を構えることになる。鮮治との出会いがなければ、話すことの苦手だった坂井が「鉄人」になることはなかっただろう。

私は、山口正造が大伯父にあたる親戚関係になるが、鮮治の記憶は、あまりない。だが、漠然と金谷家は親戚の中で、際立って華やかな印象があった。すなわち、法事を地元の寺ではなく、都心の高級レストランでやるような家風である。だから、「金谷の法事」には、喪の装いではなく、光るアクセサリーくらいつけないといけない。

だが、後に、それは金谷家全般に特有のものではなく、金谷鮮治とその家族の気風であることを知った。私の記憶の底に漠然と残る、煌めきの幻影。その中心にいたのが、金谷鮮治だったのである。

鮮治亡き後、長男の輝雄が鬼怒川金谷ホテルと鬼怒川温泉ホテルの経営を引き継いだが、やがて時代の荒波を受け経営が困難に陥る。二〇〇三（平成十五）年の足利銀行の破綻は最後の大きな波だった。二〇〇五（平成十七）年からは産業再生機構の支援を受け、経営再建が始まった。

孫の壌児が高校卒業後十年間を過ごしたアメリカから帰国したのは、二〇〇一（平成十三）年のことだ。親や生家に背を向けつつもホテル業で経験を積んでいたのは、血のなせるところだったのかもしれない。社長を退任し、私財を提供した輝雄に代わり、壌児が鬼怒川金谷ホテルの再生の中心となる。二〇〇九（平成二十一）年、再び金谷家がホテルを買い戻した翌日、父の輝雄は息を引き取った。

そして、新生鬼怒川金谷ホテルの構想がスタートした。壌児が新たな企業のブランド・アイデンティティの核に据えたのが、ジョン金谷鮮治、その人だった。

こうして「ジョン・カナヤが愛した渓流の別荘」「東洋と西洋が出会う場所」「和敬洋賛」といったキャッチフレーズが落とし込まれ、スカイツリー開業の二〇一二（平成二十四）年四月、鬼怒川金谷ホテルは再開業したのである。あわせてショコラトリー「JHON KANAYA」もブランドデビューした。

館内のラウンジには、マリリン・モンローやチャップリン、吉田茂とのポートレートと並んで、葉巻をくゆらす鮮治の写真が飾られていた。端正な顔立ち。粋な洋服の着こなし。そして何より、葉巻を手にした姿が絵になる。

生前の鮮治は、葉巻を愛し、ジャズを愛しボサノバを愛し、そして、オールドノリタケを蒐集した。ショコラトリーのブランド立ち上げも、ヨーロッパ旅行のお土産に決まってチョコレートならぬ、ショコラを買ってきた鮮治にちなんでことだ。架空のキャラクターではなく、生身の人間であることの重みのようなものは、新生鬼怒川金谷ホテルの強みになっている。

パンフレットの冒頭には「How do you do? Nice to meet you」と綴られている。鮮治は孫の壊児が生まれた時、この通りに英語で「はじめまして」と話しかけたのだとか。いささか芝居がかったエピソードだが、「本当のことらしいですよ」と壌児本人は笑って言う。

本当に類いまれなるダンディズムを実践した紳士だったのだ。しかし、それを可能にした資金はどこにあったのだろう。戦前ならまだしも、鮮治が「ジョンカナヤ」を開業したのは昭和四十年代なのだ。

推測ですが、と前置きして「富士屋ホテルの株を売却したのではないでしょうか」と壌児は言った。

そうか、富士屋ホテルの同族経営の終焉は一九六七（昭和四十二）年。鮮治が東京に本拠地を移すのは、その翌年のことである。伯父の山口正造を介してつながった縁が、金谷鮮治のダンディズムを生んだ。そうだとすれば、不思議な運命の糸である。

（二〇一六年一月号）

久米権九郎のホテル建築

クラシックホテルとしての万平ホテルを象徴するのが一九三六(昭和十一)年に竣工したアルプス館だ。

私が久米権九郎を知ったのは、このアルプス館の建築家としてだった。久米の名前は、一建築家としてよりも、恵比寿ガーデンプレイス、長野オリンピックのエムウエーブ、赤坂サカスなどを手がけた久米設計の創業者としてのほうが通りがいいかもしれない。

現代にも受け継がれている建築の思想は「デザインと技術の融合」。一九二〇年代にドイツ、イギリスに留学し、日本の木造建築と西洋型合理性を組み合わせた「久米式耐震木構造」で学位を取得した。万平ホテルアルプス館にもこの手法が用いられている。

久米権九郎は、戦前と戦後、建築家としてのキャリアの最初と最後に多くのホテル建築を残している。戦前では、万平ホテルのほか、前年に竣工した日光金谷ホテル別館がある。そして、戦後の代表作が旧キャピタル東急ホテル（前身は東京ヒルトンホテル）である。

東急の五島慶太は権九郎の姉で、五島家の養子になっていた万千代と結婚し、以来、五島姓を名乗った。慶太と久米権九郎は義理の兄弟の間柄になる。そのため、このほかにも多くの東急ホテルを手がけている。

さらにもうひとつ、久米権九郎が残した知られざるホテル建築がある。富士屋ホテルのフォレスト館（旧フォレストロッヂ）である。

一九六〇（昭和三十五）年の竣工であるから、一九六三（昭和三十八）年にキャピトル東急が開業する三年前になる。ちなみに昨年（二〇一五年）、取り壊されたホテルオークラ本館は一九六二（昭和三十七）年の竣工。富士屋ホテルのフォレストロッヂは、東京五輪に向けての第一次ホテルブームで相次いでオープンした、和のモダニズムともいうべきホテル建築の先駆けだったことになる。

日光金谷ホテル別館や万平ホテルアルプス館において採用された、洋室のスタイルに障子など和の意匠を取り入れる手法は、戦後、よりモダンなテイストに洗練され、富士屋ホテルのフォレストロッヂとなった。その系譜の先にキャピトル東急ホテルがあったことになる。

だが、この事実は、長く富士屋ホテルにおいてさえ、忘れ去られてきた。私自身も、それを知ったのは、ほんの先日のことだった。施主の山口堅吉が私の祖父であるにも関わらず、である。

権九郎が亡くなった際、編纂された『久米権九郎 追憶誌』という本に山口堅吉の記した「私の思い出」という一文がある。

そこに「昭和三十四年、富士屋ホテル新館壱棟の建築に当り、是非久米さんにお願いしたいので、僅か延壱千余坪のものでありましたが、設計監理一切をご依頼し快諾を得まして」との記述があったのだ。

これまで、富士屋ホテルの建物で、建築家の名前が残されているのは、御所の棟梁だった木子清敬《きこきよよし》の息子、木子幸三郎の設計とされる食堂棟だけと考えられてきた。

万平ホテルアルプス館と同じ昭和十一年に竣工した花御殿と、富士ビューホテルについては、竣工報告書に「設計：山口正造」とある。堅吉の義兄で、昭和十九年まで富士屋ホテルの経営責任者だった正造は、自ら「建築道楽」と称し、施工を請け負った棟梁、河原徳治郎に細かな指示をしたとされている。

だが、堅吉の一文には、「河口湖畔富士ビューホテルの建築は、故人に負う所大であった事」との記述もあった。そもそも堅吉と権九郎の関係も「私の義兄山口正造は、久しい以前より極めてご懇意の間柄でありましたので、私も知遇を受ける機会を得ました」とある。

権九郎の存在が、正造の「建築道楽」の美意識に少なからず影響を与えたのだろう。

ちなみに、富士屋ホテルの花御殿は、外観も客室のインテリアも日光金谷ホテル別館にとてもよく似ている。施工も同じ河原徳治郎であったという。ならば、山口正造の設計とされる花御殿も、何らか権九郎の影響があったのかもしれない。

この新事実を知って、私はあらためて富士屋ホテルのフォレスト館を訪れてみた。

富士屋ホテルでは、唯一戦後に建てられた、また唯一の登録有形文化財でない建物。そのせいか、現在は、あまり注目されていない。メディアに露出することも少ない。地味な外観と庭園の奥という立地が、なおのこと、人目を遠ざけてきたのかもしれない。

だが、一九六四（和三十九）年に皇太子時代の天皇皇后が、そして一九六五（昭和四十）年に昭和天皇皇后が宿泊されたのは、いずれも久米権九郎の手によるフォレストロッヂだった。

堅吉は「この新館を御宿泊に当てらるる光栄に浴しました事は、富士屋ホテルとしての名誉は勿論でありますが、故人も地下で御満足の事と思います」と記している。

四階に「エンジェルルーム」と呼ばれる部屋がある。天女の絵があることからの命名だ。こぢんまりとしてるが、ほかの客室とは異なる、ひときわ凝った造りの部屋とその隣室が、二代にわたる天皇皇后のご宿泊にあてられた部屋になる。

昭和三十年代後半から四十年代にかけて、和のモダニズムに彩られたフォレストロッヂは、間違いなく富士屋ホテルを代表する空間だった。

さらに堅吉と権九郎は、驚くべきプロジェクトまで画策していた。それが本館改築計画である。だが、まもなく権九郎は亡くなり、堅吉は、同族経営の終焉で経営から退き、二人の夢は幻として終わった。

一八九一（明治二十四）年竣工の本館がそのままの形で残らなかったら、クラシックホテルとしての今はなかったかもしれない。その意味で、夢は幻でよかったともいえる。だが私は、権九郎の手による富士屋ホテルを見たかった気もする。それは、祖父、堅吉の宿願でもあったのだから。

モダニズムの巨匠、ル・コルビジェの建築の世界遺産登録が話題になっている。一方、日本ではいくつものモダニズム建築が失われてきた。権九郎の作品も現存するものは数少ない。そろそろ、日本ならではのモダニズム建築の価値を見直す時ではないだろうか。

（二〇一六年七月号）

——二〇二〇年の再開業に向けての耐震改修工事にあたり、フォレスト館は、取り壊されずに改装されることになった。

香りのおもてなし

二〇一九年に東京・六本木に開業予定のザ・ランガムは、ロンドンの歴史あるクラシックホテル、ザ・ランガム・ロンドンをフラグシップとするホテルチェーンだ。

これまで、香港のほか、北米やオーストラリアなどに展開しているが、ヨーロピアンエレガンスをモダンにまとめたテイストは評価が高い。たとえば、ザ・ランガム・シカゴは、今年、トリップアドバイザーで全米一のホテルに評価された。現在、東京のほか、リゾートを含めた世界各地に進出の計画が目白押しの、旬なホテルチェーンである。

そのなかで、香港の尖沙咀にあるザ・ランガム香港は、日本人にも馴染みのある一軒ではないだろうか。ブランドショップが建ち並ぶショッピング街の真ん中という好立地と、女性好みのエレガントな雰囲気が支持されている。

今回、私がザ・ランガム香港に滞在したのは、女性向きのホテルとして薦められたからだった。確かに便利な繁華街の真ん中にありながら、館内に入るとほっとくつろげるいいホテルだった。

滞在したのは二泊。決して長期ではない。だが、外出してホテルに戻るたび、不思議なくらい、「帰ってきた」と実感できた。この感覚は何なのだろう。そう考えた時、思いつくものがあった。ロビー全体をほのかに包み込む香りである。

広報担当者に尋ねてみると、「ジンジャーフラワー」と呼ぶ「コーポレート・フレグランス」だという。すなわち、香港だけでなく、世界各地のザ・ランガムで、ゲストはこの香りに迎えられることになる。

ジンジャーフラワーというと熱帯に咲く赤い花だが、ザ・ランガムのジンジャーフラワーは、あくまでも香りの名前。開発にあたっては、癒やしと感じられるほのかな香りでありながら、出発するゲストに活力を与えてくれるものということで、専門家とともに協議を重ねたという。なるほど、ホテルに戻ってくると、何となく疲れが癒やされるような感じがあったのは、多分にこの香りのせいだったのだ。

スタートしたのは二〇〇八（平成二十）年。その翌年に一八六五（元治二／慶応元）年開業のザ・ランガム・ロンドンが大改装で生まれ変わっている。伝統あるグランドホテルの歴史を踏まえつつ、現代のラグジュアリーホテルへ。それは、新たなコーポレート・アイデンティティのひとつだったのだろう。ちなみにザ・ランガムには、コーポレート・カラーもある。目の覚めるようにきれいでフェミニンな印象のパステルピンク。印刷物などに効果的に使われている。

ところで、こうした「香りのおもてなし」というコンセプトをいち早く打ち出したのが、帝国ホテル 大阪である。ホテルの開業時というから一九九六（平成八）年のこと。私自身、同ホテルを開業時に取材して一番印象に残ったことでもあった。

日本のホテルでは最初とのことだったが、一九九六年といえば、世界的にも先駆けと呼んでいいのではないだろうか。

「桜の通り抜け」で有名な大阪造幣局や約六千本の桜並木があることで知られる毛馬桜之宮公園など、桜の名所に隣接していることから、桜をイメージした香りは、ホテルの好立地を上手に印象づける。

開業以来、「香りのおもてなし」は一貫して継続しているが、時々リニューアルをして、よりよい香りを研究している。

現在のものは、二〇一三（平成二十五）年七月にリニューアルしたもので、先にあげたホテル周辺の環境、すなわち桜をイメージした「インペリアルフレグランス［桜］」と、ウェディングをイメージし、花の香りにラベンダーやカモミールを加えて、花嫁がリラックスできるように調合した「インペリアルフレグランス［Elegance］」がある。

これらの香りは、前者が一階と二階のロビーエントランス、後者が四階と五階のチャペルと、限定した場所で使っているが、さらに帝国ホテル 大阪では、客室でも香りの楽しめる宿泊パッケージも販売している。


近年、世界のホテルはさまざまなかたちで進化しているが、「香りのおもてなし」も、そうした進化のひとつといえるだろう。

だが、五感に訴えるものだけに、好みも分かれるのが香りの難しさといえる。スパのトリートメントで好みのアロマを選ばせるのも、リラックスできる香りは人それぞれだからである。そのなかで、多くの人に受け入れられる香りを開発するのは、難しいことに違いない。

実は、今回、もう一軒、事例としてあげたいと思ったホテルがあった。だが、そのホテルでは、過去にその香りに対して大きなクレームが生じたとのことで、メディアでの積極的な露出は避けたいとの返事だった。今もそのホテルにその香りは健在で、私自身、それを好ましく思っていたのだが、「香りのおもてなし」には、難しさもあることを実感させられた。

だが、考えてみれば、ホテルとは、そもそも多くの五感を刺激するもので構成される空間であり、香りのみならず、建築やインテリア、あるいは料飲施設の料理の味においても、万人の好みにあわせることは難しい。すなわち、どんなにすばらしいホテルであっても、すべての顧客を満足させることは不可能なのだと思う。それは、私自身のホテルに対する考え方の基本でもある。

先日、あるカルチャースクールで「東京ホテル考現学」という教室を行った。都内で三軒のホテルを見学し食事を体験し、理解を深めるための授業を行う。そのレポートを採点していて、あらためてホテルというのは、感性や人となりによって、好みが分かれることを実感した。そして、参加者は、実際に異なるホテルを訪れたことで、私が話した私なりのホテル論、すなわち「万人が満足するホテルはない」という言葉の意味を理解したようだった。

ホテルや旅館にとって「万人が満足しなくてもいい」と考えるのは勇気がいることだ。でも、いいホテルや旅館とは、むしろ、それを実行するところではないかと私は考える。「香りのおもてなし」のあるホテルが、そうしたホテルであることはいうまでもない。

（二〇一六年五月号）

「発見」された日本のクラシックホテル

今年（二〇一八年）の三月、『Welcoming the west』と題された英書が、ドイツの出版社から出版された。

英語で書かれた、おそらく初めての日本のクラシックホテルを紹介した本である。

著者はボストン在住の建築家、アンドレア・リアーズさん。ハーバード大学などでも教鞭をとってきた、アメリカ建築界の重鎮である。彼女の妹からフェイスブックを通じて、コンタクトがあったのは出版の一カ月ほど前のことだった。

彼女が私を探したのは、私の著書『箱根富士屋ホテル物語』と『消えた宿泊名簿』を執筆の参考にしたからだという。

不思議な縁に導かれ、出版に際し来日した彼女と会った。

アンドレアさんと日本の出会いは一九八二（昭和五十七）年にさかのぼる。全米芸術基金と日米友好協会の援助による研究員として一年間、日本に滞在したことだった。研究テーマは、戦前の西洋建築と、日本人がいかに伝統的な建築方法をハイブリッドしていったかということだった。

そんな彼女をクラシックホテルに誘ったのは、当時、竹中工務店の住宅専門会社だった日本ホームズの代表取締役を務めていた松田妙子さんという女性だと言う。ちなみに日本ホームズは、日本で初めてツーバイフォー工法を導入した会社である。

アンドレアさんが初めて訪れたクラシックホテルは、河口湖畔の富士ビューホテルだった。といっても、ピンとこない読者もあるかもしれない。現在の富士ビューホテルは、クラシックホテルではないからだ。

二つの塔屋が屋根に載ったフォルムがオリジナルの外観を彷彿とさせ、広大な庭園と玄関前へのアプローチの雰囲気は昔と変わっていない。しかし、アンドレアさんが一目惚れした建築は、残念ながら今はもう残っていない。

富士ビューホテルは、一九三六（昭和十一）年、経営母体である富士屋ホテルを象徴する建造物、花御殿と時を同じくして竣工したホテルだった。上高地帝国ホテルや川奈ホテル、雲仙観光ホテルなどと同じく、当時、インバウンド誘致をめざした国際観光局による特別融資で開業したホテルのひとつである。

富士屋ホテルの花御殿と富士ビューホテルをあわせて写真や図面を紹介した新築落成記念の冊子が残っている。それを見ると、二つ並べて紹介すべき、富士屋ホテルの一大事業だったことがわかる。

いずれも、彼女の研究テーマそのままに、日本の伝統的建築と西洋式のホテル建築を融合した名建築だが、花御殿が名前通り、壮麗で華やかなイメージなのに対し、富士ビューホテルは、アメリカの国立公園にある伝統的なクラシックホテル、イエローストーンのオールド・フェイスフル・インやモンタナのグレイシャー・パーク・ロッジに似ている。それでいながら、日本建築の伝統を継承し、さらに、建物全体のプランは、一九三〇年代にマイアミのリゾートホテルで流行したバタフライプランというスタイルを踏襲しているとアンドレアさんは指摘する。

彼女は、ハイブリッドそのものの建築に魅了され、さらに似たようなホテルが日本にあることを知って、それを本にまとめようと、再来日した。本に収録されているのは、その時に撮影した写真である。

一九八五（昭和六十）年、富士ビューホテルは誰に反対されることもなく、あっけなく解体されてしまった。私自身、大学を卒業した年であり、まだそれを惜しむ感覚もなかったように思う。その直前、貴重な姿をアンドレアさんの写真は奇跡的に収めたのだった。

だが、日本のクラシックホテルの価値を認める版元はあらわれなかった。そして、本の企画と貴重な写真は長い眠りについたのだった。

幻の企画は、アンドレアさんが大学で教える仕事をリタイアした今回のタイミングで、ようやく日の目を見たのである。旧富士ビューホテルのほか、富士屋ホテル、日光金谷ホテル、旧琵琶湖ホテル、蒲郡ホテル（現：蒲郡クラシックホテル）が収録されている。

一九八〇年代、クラシックホテルを巡る彼女は「変なガイジン」と思われていたと、苦笑しつつ語る。

外国人観光客が当たり前にこれらのホテルに泊まった時代は遠く過ぎ去り、日本人がクラシックホテルを再評価する以前。だからこそ、富士ビューホテルも解体されてしまったエアポケットのような時代、いち早く、日本のクラシックホテルの価値を「発見」していたアメリカ人の建築家がいたとは。『Welcoming the west』を手にした私は、どうにも感動してしまった。

旧富士ビューホテルには、私自身も思い出がたくさんある。小学一年生の夏だったか、退院したばかりの母親の静養ということで、母子で長逗留したことがある。

庭で母と四つ葉のクローバーを探したこと。ディナーに供された採れたてのとうもろこし。二階に小さなテラスがあって、夕方になるとゲストが集ったこと。湖から吹く夜風のひんやりとした感触。思い出は、どれも断片的で、感覚的で、だからこそディテールが際立っている。

収録された写真にもある、太い丸太の柱に支えられた吹き抜けの空間もよく覚えている。丸太の柱を使う構造は、アメリカの国立公園にあるホテルとも共通しているが、富士ビューホテルでは、その丸太に一部、枝が残され、そこに鳥の剝製が鎮座していた。

私は今でも鳥の羽が大嫌いなのだが、もしかして、そのトラウマの元は、これらの剥製ではないかと思うほど、子供の目には、不気味でさえあった。つまり、それだけ唯一無二の存在感を持った建築だったのだと、あらためて思う。

現在、富士ビューホテルの支配人を勤める勝俣克教《かつのり》さんも「消防法などの問題があったのでしょうか」と、解体された理由を訝しむ。

だが、考えてみれば、フラグシップの富士屋ホテルも、当時、箱根を代表する老舗ホテルでこそあれ、「クラシックホテル」として「発見」されてはいなかったと気付く。

その時代に、日本のクラシックホテルの価値に気付いたアンドレアさんの先見の明はすごい。

（二〇一八年七月号）

モニュメントバレーの絶景ホテル「ザ・ビュー」

第六章

原風景への旅

知られざる箱根、大平台

私は、箱根の大平台というところで生まれ育った。だが、箱根に詳しい人でも、さらには箱根の地元の人にさえ、よくわからない、行ったことがない、と言われるのが大平台だ。いうならば、知られざる箱根というべきか。だが、私の原風景としての箱根は、ほかのどこでもない、この大平台である。

大平台は、戦後になって掘削された新しい温泉場だ。それまでは、古くは駕籠やチェアと呼ばれる乗り物の人足、もしくは箱根細工など木工細工を手がけるくらいしか仕事のない貧しい村だった。

一九五五（昭和三十）年、箱根町に合併される前、この地域は「温泉村」と呼ばれていた。実際、箱根登山鉄道で一駅下にある塔ノ沢も、一駅上の宮ノ下も、箱根七湯に数えられる歴史ある名湯である。それなのに、大平台には温泉がない。大平台の人たちにしてみれば、何とも悔しい思いがあったに違いない。

『大平台温泉開発誌』には、彼らが「なんとしてでも」の悲願で掘り当てたのが、現在の大平台温泉であったと記されている。

一九四六（昭和二十一）年、いわゆる農地解放が行われ、箱根の温泉村でも国有農地となった土地の利用法をめぐって農地委員会が発足した。その会合の雑談で、大平台の委員から、それらの土地を利用して温泉掘削ができないだろうかと声が上がった。戦後民主主義の風が、大平台にも温泉を、という長年の願いを後押ししたのである。

こうして一九四九（昭和二十四）年、念願の温泉が噴出、引湯工事の終了した翌年、大平台温泉が誕生したのである。

毎年四月、駅に隣接する神社の境内で行われる「温泉まつり」は、大平台に温泉が出たことを祝う祭りである。観光イベントとして位置付けられている箱根のほかの地域の祭りと異なり、地元の人たちによる、地元のための祭りである。

昨年（二〇一四年）、NHK横浜放送局からBSの「新日本風土記」というドキュメンタリー番組制作の相談を受けた時、「知られざる箱根」というリクエストに、私が推薦したのが大平台だった。箱根を題材にしたテレビ番組は、これまで数え切れないほどあったけれど、大平台の温泉開削の歴史や温泉まつりが取り上げられたのは、おそらく初めてのことではなかったかと思う。

温泉地となって六十五年。だが、大平台には、今も有名な高級旅館やホテルがなく、宿泊施設は旅館組合にも入っていない小規模なところが多い。だから、箱根の観光業に携わる人たちも、大平台のことは、よくわからないというのだ。箱根という一大観光地にあって、観光地らしくない独自の立ち位置。それが大平台なのである。

そして、大平台が箱根の地元にも印象が薄いもうひとつの理由が、急峻な山道が標高を上げていく途中、カーブの連続の合間というロケーションなのかもしれない。

箱根駅伝のルートとして知られる国道一号線沿線、山登りの五区、山下りの六区のハイライトのひとつである「大平台のヘアピンカーブ」の先に大平台はある。

カーブを曲がり切ると左手に「大平台温泉」と書かれた塔が見えてくる。その先、左手に箱根登山鉄道の大平台駅と神社があり、そのあたりが集落の入り口になっている。だが、そこで道路は再び大きなカーブとなる。大平台を通り過ぎる時、ドライバーはハンドルを切ることに気をとられ、周囲に目をやる余裕がない。それも大平台の存在が気づかれない理由なのだろう。

そのカーブを見下ろすように建つのがわが家である。

一九三〇（昭和五）年、富士屋ホテル創業者の次女、貞子の婿であった山口堅吉は、ここに夫婦水入らずで暮らす自宅を竣工した。だが、竣工後まもなく貞子は亡くなり、後妻の千代子を迎えた。その間に生まれた一人娘の裕子《やすこ》が、私の母であり、その婿が父の山口祐司である。

それにしても、堅吉は、なぜホテルがある宮ノ下ではなく、大平台を選んだのか。長女の婿で、華やかなものを好んだ義兄の正造と対照的に何事も地味好みだった堅吉の性格ゆえだったのだろうか。一方で、元日本郵船の南半球航路のパーサーで、若い頃から外国に憧れ、イギリス仕込みの英語とマナーを駆使した堅吉は、明治生まれの日本人でありながら、徹底して西洋式の日常生活を営んだ人だった。

そんな堅吉が建てた家は、一言でいうならば、地味な洋館だ。これみよがしな派手さはなく、すっきりとシンプル。しかし洋館としての瀟洒なスペックは備えている。

今回、改修をお願いした建築士さんは、一目見るなり「こんな地味な洋館見たことない」と言って、家に惚れ込んだ。その言葉に背中を押されるようにして、わが家を日帰りスパ「スパ アット ヤマグチハウス」として再生するプロジェクトはスタートしたのだった。堅吉の美意識の注ぎ込まれた洋館で、インドのアーユルヴェーダをベースにしたトリートメントを提供する。

開業の前日、工事関係者と地元大平台の人たちを招いてささやかなお披露目の会を開いた。

長らく生まれ故郷とは離れて暮らしてきた私だが、「スパ アット ヤマグチハウス」の開業で、私は再び大平台と関係性を持つことになった。商工会の会長は、生麩と湯葉製造業者の代表で、同じ小学校のひとつ後輩になる。何十年ぶりの再会。なのに不思議と会話がはずんで、私は、大平台で過ごした遠い日に引き戻された。

一時は賑わいを見せた大平台だが、現在は、だいぶ活気を失っているように見受けられた。一九五一（昭和二十六）年、大平台温泉の誕生と同時に建設された神奈川県職員の保養所が閉鎖され、競売にかけられているのは、その象徴にも思えて寂しかった。その理由を「昨今の経済情勢」と言う人がいたけれど、観光客であふれかえる地域が隣接するなか、その言葉は説得力を欠く。かつて「なんとしてでも」と温泉を引いた時の情熱を今一度、思い出さなければならない時期なのかもしれない。

その昔、高台にそびえていた白い洋館を地元では「ホワイトハウス」と呼んだと古老に聞いた。長いことくすんでいた家がよみがえった今、大平台にも活気を戻さなければならないと思っている。

（二〇一五年六月号）

箱根における火山との〝共生〟

風光明媚な風景や温泉、日本の観光地をかたちづくる魅力の背景には、ことごとく火山の恵みがある。世界に名だたる温泉大国であるのも、ひとえに日本が火山列島であるからこそだろう。だが、恵みをもたらす山は、時に荒ぶることもある。最近、私たちは、そのことをあらためて実感させられている。

有名観光地の多くが温泉地である日本にとって、火山との〝共生〟は不可欠な問題といえる。そのことを再認識させられたのが、首都圏有数の観光地である箱根の、このたびの火山活動ではないだろうか。

天候にも恵まれた今年（二〇一五年）のゴールデンウィーク。折しも海外からの観光客急増や景気回復の追い風もあり、各地の観光地は大いに賑わった。もちろん箱根も例外ではなかった。最終日の五月五日の早朝までは。

この日、前日まで多くの観光客で賑わっていた箱根の大涌谷周辺について、気象庁は噴火警戒レベル2（火口周辺規制）への引き上げを発表した。これに伴い、箱根町は大涌谷周辺への立ち入り規制を実施。あわせて周辺道路の通行止め、さらにロープウェイの全線運休を決定した。

ニュースは、ロープウェイの全線休業は開業以来初めてのことであり、さらには、初めての「噴火警戒レベル2」だと報道した。

その文脈は、あたかも有史以来、初めての異常事態がおきたかのように聞こえた。実際、多くの人がニュースを聞いて、そのように感じたのではないだろうか。だが、そもそも箱根山に「噴火警戒レベル」というシステムが導入されたのは、二〇〇九（平成二十一）年のことである。実は、今回のような火山活動を箱根では、これまでもしばしば経験してきている。直近では、二〇〇一（平成十三）年にも、今回とほぼ同じような群発地震を伴う火山活動が観測されている。

しかし、その時は、大涌谷への全面立ち入り禁止やロープウェイの全線運休は実施されなかった。こうした規制が実施された背景には、昨年（二〇一四年）、多くの被害者を出した御嶽山噴火の教訓がある。

今年（二〇一五年）三月、箱根町は、御嶽山噴火の悲劇を受けて「箱根山の噴火を想定した大涌谷周辺の観光客等の避難誘導マニュアル」を作成した。今回は、それが整って初めての火山活動であり、制度ができ上がって初めての「噴火警戒レベル2」だったのである。だが、そのあたりの事情を伝えているメディアは、ほとんどなかった。そのため、「これまでになかった非常事態」と認識されてしまったのである。

地元の人たちからすれば、日常的におきている火山活動なのに、どうして今回だけ、こんなに大きく報道されているのか、といった憤りがあるのだ。

日本列島の火山活動は、過去と比べて二十世紀が異例に平穏だったとする説がある。だが、こと箱根に関しては、そんなこともないようだ。この百年だけを振り返ってみても、二〇〇一（平成十三）年以前までに群発地震や噴気異常といった火山活動は十三回を数える。ほぼ十年に一度の頻度である。

『富士屋ホテル八十年史』をひもといてみても、たとえば、このような記述がある。〈大正六年一月三十日、突如として箱根全山に鳴動がおこった〉

山から聞こえる不気味な音に人々は噴火を想定し、恐れたという。当時は噴火警戒レベルなどというシステムはなかったが、事態そのものの不気味さは、今回の比ではなかったに違いない。〈新聞紙も亦誇大な報道をした〉とある。当然、地元は観光客への風評被害を恐れた。そのため、地震学の権威を招き、この鳴動が噴火に直結するものではないという調査報告を得たとある。

規模の大小はあれ、これまでも箱根は、こうした火山活動と〝共生〟してきたのである。箱根町のマニュアル作成自体は、正しい危機管理へのステップであり、評価すべきことだ。しかし、その周辺事情が正しく報道されなかったことは残念である。

さらに、もうひとつ、事実と異なる風評被害を広げたのが「箱根山」という表現である。当然のように、ニュースでは「箱根山」と報道されているが、実は、「箱根山」という名前の山は、箱根に存在しない。あくまでも、箱根内輪山（早雲山、神山、駒ヶ岳など）と箱根外輪山（金時山、明神が岳、大観山など）の総称にすぎないのだ。今回、火山周辺警報が出ているのは、そのなかの一部、大涌谷噴煙地である。そのあたりもなかなか周知されていない部分だろう。

そして、もうひとつ、大涌谷の立ち入り禁止区域にある「温泉施設」のメンテナンスに関する報道がさらなる誤解を生んだ。

すなわち、大涌谷が箱根で唯一の温泉供給地であり、そこに被害が生じたことで、箱根の温泉すべても供給に問題が生じたかのような印象を与えてしまったのだ。

大涌谷の「温泉施設」とは、箱根温泉供給という民間企業である。大涌谷の蒸気と地下水で温泉を造成し、供給している。「造成」というと聞こえが悪いが、蒸気もまた温泉であることは、法的にも認められている。強羅や仙石原などの多くの施設で、この箱根温泉供給の温泉を利用しているが、箱根全体の温泉供給量の一割にも満たない。

箱根は、もともと古くは箱根七湯、近年では箱根十七湯と呼ばれ、山間に異なる泉質の温泉がいくつも点在することで知られている。山がそうであるように、温泉もまた、「箱根温泉」なるものが存在するわけではないのだ。しかし、こうした箱根の温泉事情に言及していたメディアも、NHKの特集番組など、ごく一部に限られていた。
当初ほどニュースで報道されることは少なくなったが、まだ終息宣言には至っていない。箱根の各施設では、先の予約のキャンセルも出ているとのこと。特に修学旅行などの団体客の影響が大きいという。
火山との〝共生〟とはいっても、鎌倉時代以降、火山活動がおきていない箱根は、しばしば噴火がおきている有珠山の麓にある姉妹都市の虻田町などに比べると、火山を正しく恐れ、正しく備え、その上で観光客を迎える経験値は乏しい。新たな制度とマニュアルのもと、いかに火山と〝共存〟していくか、観光地としての真価が問われている。

（二〇一五年七月号）

――二〇一六年七月、大涌谷園地開放に伴い、箱根ロープウェイが全線開通。一部ハイキングコースの立ち入り禁止継続はあるが、箱根は、ほぼ以前の状況に戻った。

愛されるホテル

『箱根富士屋ホテル物語』の著者であり、曾祖父が創業者という関係にある私にとって、箱根・宮ノ下の「富士屋ホテル」は、今も特別な立ち位置であり続けている。

でも、このホテルには、そんな私の関係性なんて足元にもおよばないのではないか、と思うほど、ホテルを愛している人がいる。そのことに驚かされる出来事があった。

以前から私には、一見過剰とも思える愛着を富士屋ホテルに対して示す友人がいた。仕事や用事がある時以外、楽しみとしての旅は、富士屋ホテルにしか行かない。それ以外の選択肢は考えもしない。彼にとっての富士屋ホテルは、定宿とか、リピーターという概念をもはや超越していた。

自由になる時間は融通がきくけれど、懐具合が潤沢というわけではない。だから、泊まる時もあれば、泊まらない時もある。でも、食事時には律儀にダイニングの席について、いつも同じアラカルトのメニューを注文する。お気に入りは、窓際のティーラウンジ「オーキッド」でのひと時。読みかけの本をテーブルの上に積んで、果てしなくコーヒーのおかわりをする。そんなに飲んでは体に悪いのではないかと心配するが、彼は意に介さず「ここのコーヒーは美味しいし、それに、こうしてサービスしてくれるのがうれしいから」と笑う。その笑顔に応えるようにスタッフがまたコーヒーを注ぐ。そして彼は、食事前だからと躊躇する私にも、コーヒーを注文させるのだった。

私は長らく、そんな彼のことを、かなり特殊な人だと思っていた。

ところが先日、久しぶりに会ったオーキッドラウンジでのこと、隣のテーブルに座っていた一人客の女性のほうを向いて私に目配せすると、彼はうれしそうに告げたのだ。

「彼女も僕の仲間だと思うんだ」

「えっ？」

「彼女もよく一人で来ている。見かけるのは今日だけじゃない」

真冬の平日の午後、いつもは混雑しているラウンジも人はまばらで、その彼女も、彼がいつもそうしているように、テーブルの上にお気に入りの本など積み上げて、くつろいでいる。そして、ホテルのスタッフと親しげに話をしていた。

その夜、私たちはバーで再び一緒になった。私が席をはずしていた間に、彼は彼女に声をかけたらしい。バーに戻ると、カウンターで、間に私が座る一席を空けて、彼らは談笑していた。その打ち解けた感じが「僕の仲間」であったことを物語っていた。

「富士屋ホテルには、どのくらいの頻度でいらっしゃるんですか」

「県内で近いこともありますけど、といっても車で一時間はかかるかな――、週に一度は来ますね」

「うわあ、負けたなあ。僕も頑張らないとなあ」

彼がうれしそうに答える。

「でも、どうして富士屋ホテルに来るようになったんですか」

「十年前になるかな、ここで結婚式を挙げたんです」

富士屋ホテルがブライダルに大きく舵を切り始めた頃のことだ。当時、業界を席巻するほど飛躍的に伸びた実績のうちの一組だったのだろう。

「でも、主人とは死別しまして」

ぽつんと彼女は言った。

私とほぼ同世代の友人は、富士屋ホテルの顧客だった家族の出身だ。こうした旧来のファンは、昔の富士屋ホテルを回顧して、ブライダルに象徴される今の富士屋ホテルの変化を好ましく思わない人が多かった。彼も一時期は複雑な思いを抱いていたことを私は知っている。

だが、あのブライダルの躍進が、一回り若い世代の富士屋ホテルファンを生んでいたのだ。

友人が、かつて家族旅行で来ていた富士屋ホテルに、再び一人で足繁く通うようになったのは、身辺に良くない出来事が立て続けにおきた時期だと聞いた。

彼女も幸せな結婚生活が続いていたならば、こうして毎週、富士屋ホテルに来ることはなかったのかもしれない。

でも、だからといって、今の彼らが不幸だとは思わない。なぜなら、バーカウンターでグラスを傾け、ひと時を過ごす彼らの顔は本当に幸せそうだったから。

私の友人がそうであるように、彼女にとっての富士屋ホテルも、幸せだった時代の記憶とか思い出を越えた存在なのだろう。

ホテルというものが、まるで人格を持つ人間のように、こんなふうに人の心を包み込む。今年（二〇一七年）で創業百三十九年、重ねた歴史がそうさせるのか、それだけではない何かなのか。私には不思議だった。

二人は若い女性バーテンダーと顔見知りらしかった。一方、私は彼女を知らず、また彼女も私を知らなかった。友人の悪戯心もあり、私も新参者の「仲間」に入れてもらい、富士屋ホテルのトリビアな話題を四人できゃっきゃっと語り合う。不思議な時間を共有した。

最近、世界各地の人気があり話題を集めるホテルで、決まって聞くキーワードがある。それは「他のどこにも似ていないホテル」だ。

日本のホテルは、設備やサービスは一定水準以上でありながら、金太郎飴のようなホテルが多いなあ、と思っていたが、灯台もと暗し。富士屋ホテルこそ「他のどこにも似ていないホテル」ではないか。

和の意匠と洋のスタイルが融合された独特の建築様式と受け継がれた伝統。そして、この十年余り、革新的に飛躍したブライダルは、今の富士屋ホテルに多くの若い客層と若いスタッフを招き入れ、温かな雰囲気を育んだ。

ブライダルの躍進を支えたのは、それまであった富士屋ホテルに対する敷居の高さ、近寄りがたさを払拭することだったという。結果、若いスタッフの富士屋ホテルに対する感覚は、一昔前と変わった気がする。

富士屋ホテルというブランドや看板に誇りがあるというより、このホテルの独特の有り様や居心地の良さに愛着を感じているのではないか。純粋に富士屋ホテルが好きだから、ここにいる。それは私の友人や「仲間」の彼女と同じ感覚で、だからこそお客も居心地が良い。

そして、唯一無二の愛されるホテルは、それゆえに「ほかのどこにも似ていないホテル」なのだった。


（二〇一七年三月号）

亡父山口祐司とコーネル・クォータリー

本誌（月刊ホテル旅館）の巻末にあるページ、おなじみの「コーネル・ホスピタリティ・クォータリー」は、同誌を代表する長期連載だ。連載開始は一九七九（昭和五十四）年七月号。二〇一八（平成三十）年で足かけ三十九年。連載回数で言えば、今号（二〇一八年一月号）で四百六十四回目を数えることになる。

この最長連載の翻訳監修を続けてきたのが父山口祐司だった。

昨年（二〇一七年）十一月五日、その父が亡くなった。すべての役職を退き、闘病生活に入ってからも、鬼気迫るほどの執念で続けてきた最後のライフワークであった。

逝去に伴い、父を直接知る後輩であり、また現在、コーネル・クォータリー誌の編集委員を務めるセントラルフロリダ大学准教授の原忠之先生に翻訳監修を引き継いで頂くことになった。

父のライフワークが、最善のかたちで引き継がれたことに心から感謝している。

父山口祐司は、一九五八（昭和三十三）年、箱根の富士屋ホテルで当時、取締役社長であった山口堅吉の長女裕子《やすこ》との結婚で、山口姓となり、同ホテルに入社。以来、生涯にわたりホスピタリティ産業の発展に人生を捧げてきた。

早稲田大学第一商学部を卒業後、三菱商事主計部に勤務していた彼が、結婚と富士屋ホテル入社を決意した最大の理由が、義父堅吉が婿入りの条件に出したコーネル大学ホテル経営学部への留学援助だったと、後に語っている。

まだ海外留学は、フルブライトやガリレオといった奨学金か、オールギャランティーと呼ばれた米国側からの全額資金提供か、さもなければ、外貨割り当てをもらうための私費留学生試験を受けるか、いずれかしか方法がなかった時代のことである。父は、三つ目の私費留学生として渡米した。

当初、許可された外貨割り当ては一年だったのだが、成績優秀者に与えられる奨学金を獲得。さらに一年延長することができた。

その時の切り札が、会計学で抜群の成績を収めたことだった。もともと早稲田大学で学んでいたことに加え、試験にソロバンの持ち込みを許可されて、早く計算できたからだと秘策を語ってくれたことがある。当時のアメリカではソロバンを知る人もいなかったのだろう。

その成果がかたちになったのが帰国の十年後、一九七一（昭和四十六）年に柴田書店から出版した『ホテル管理会計』だった。アメリカにおけるホテル・レストラン産業の統一した会計基準であった「ユニフォームシステム」を系統的に紹介した同書は、その後十九版まで重ねることになる。

留学時代に会計学の恩師であったチャールス・E・クラーデル教授は巻頭の序文に記している。

〈山口祐司君は、私の会計学教室においての優秀な学生の一人であり、（中略）日本の将来におけるホスピタリティ産業の重要性に信念をもつ同君の著による本書が、かならずやなんらかの形で、この業界の発展に貢献するものと確信している次第である〉

こうしてホテル会計学は、父の生涯にわたる専門分野となった。

そのさらに八年後、始まったのがコーネル・クォータリー誌の論文翻訳である。

スタートの翌年、一九八〇（昭和五十五）年の新年号に特別編として、来日した当時のコーネル大学ホテル経営学部長、ロバート・A・ベック博士とのインタビュー収録がある。編集長の「毎月この雑誌はお手元に届いていますでしょうか」の質問に対して次のような発言がある。

〈毎月頂いて、図書館に保管しています。私共の学校には日本人の学生もいますので、彼らにも読めるようにとの配慮からです〉

この時、ベック博士は、中国政府の招聘で訪中した帰途、日本に立ち寄ったものだった。当時の写真もわが家に残っていた。静岡の地方新聞の記事も添えられていた。それによれば、博士は、その頃、父が教鞭をとっていた熱海の国際観光専門学校で海外の新しいホテル経営について特別講義をしたとある。その後、夫人と共に箱根の富士屋ホテルと河口湖の富士ビューホテルに滞在。燃えるような紅葉の景色を堪能した。インタビューは、その前後に行われたものらしい。

一九八〇年といえば、ホテル経営学部に大学院ができた年だ。その後、八十年代から九十年代にかけて日本人留学生の数はピークに達していく。父は、その窓口として、多くの学生と面接をし、彼らを叱咤激励した。現在、日本のホスピタリティ産業を牽引するホテルオークラ代表取締役社長の荻田敏宏氏や星野リゾートの星野佳路代表などがその世代であり、連載を引き継いで頂いた原先生もまた、その一人である。

さらに、八十年代末から九十年代初めにかけて、コーネル大学の教授陣を日本に招聘し、短期のサマースクールも企画したが、この来日は、その布石にもなるものだった。こうした活動もまた、ホテル経営学の名門としてのコーネル大学の名前を日本に広め、留学生を増やす一因ともなったのだろう。

それらの基盤として、毎月、脈々と続けられたコーネル・クォータリーの連載があったことになる。

山口祐司というホテリエの活動を総括するならば、ホスピタリティ産業の実務と教育、研究の三分野に関わったことだと思う。

富士屋ホテルの経営者として、歴史ある名門ホテルと現代のホスピタリティを融合し二十一世紀につなぐ橋渡しをした。監査役となり一線を退いて後は早稲田大学、桜美林大学で教鞭をとり、ホスピタリティ・マネジメントを講じた。日本に「ホスピタリティ」という言葉と概念を根付かせた一人でもあった。

享年八十三。以前から発病していた血液がん、多発性骨髄腫の悪化と数年前に発覚したパーキンソン症状を伴う難病との闘病の末の死だった。

二〇二〇年の東京オリンピックに向けて、日本では、かつてないほどホスピタリティ産業の役割が大きくなっている。この輝かしい時代を見届けることは叶わなかったが、ホスピタリティ産業が日本の花形産業になることを信じて、地道に活動してきた父の足跡を心の片隅にとめて頂ければ幸いである。

（二〇一八年一月号）

父山口祐司のお別れの会

二〇一八（平成三十）年二月五日（月曜日）、帝国ホテル「光の間」にて、追悼記事で告知した父山口祐司のお別れの会を無事、開催させて頂いた。

山口祐司は、一九三四（昭和九）年一月二十三日に生まれた。東京に大雪が降り、帰宅の足が混乱した今年の一月二十三日と同じく、八十四年前のその日も東京に大雪が降ったのだそうだ。そして今年と同じく、翌日はうってかわって晴天に恵まれた。その輝く朝日と共に生まれてきたと、かねてから聞かされてきた。

今年一月二十三日、もし元気でいたのなら八十四歳の誕生日を迎えたはずであった。だが、それは叶わず、二〇一七（平成二十九）年十一月五日、享年八十三にて永眠。天に召されたその日もまた目映い晴れた朝だった。

葬儀は家族葬ですること。後日、お別れの会を開いて、ゆかりの方々をお呼びすること。すべては故人の遺言であった。

通常、お別れの会というと葬儀委員長や発起人を立てるものだが、今回は、家族主催の会とした。関わった企業、団体が多岐にわたり、どこか特定のところにお願いする判断に至らなかったのが理由である。

会場については、かねてから八重洲富士屋ホテルで、と遺言があった。一九八三（昭和五十八）年八月の開業に際し、準備から関わり、最初の支配人を勤めたホテルである。だが、二〇一四（平成二十六）年に残念ながら閉館。そのため、富士屋ホテルとも歴史的につながりがあり、晩年よく食事に行っていた帝国ホテルにお願いした次第だった。

八重洲富士屋ホテルが閉館になった年は、直接の死因となった血液がん、多発性骨髄腫と共に晩年の父を苦しめた進行性核上性麻痺という、パーキンソン症状の出る難病が発覚した年でもあった。

発病は、たまたまの偶然だったのだろうが、閉館が決まって以降、八重洲富士屋ホテルを訪れるたびに見せた、なんとも寂しそうな表情は忘れることができない。

八重洲富士屋ホテルは、特別な立ち位置のホテルだった。東京駅前の便利な立地で、リーズナブルな価格帯で快適な宿泊を提供する、少し高級なビジネスホテルとして営業的に成功しただけでなく、富士屋ホテルの親会社である国際興業本社の社主だった小佐野賢治の「応接間」としての役割を担っていたからだ。そのため、客室のグレードに比べて不似合いなくらい超一流の食器などを揃えた日本料理店「桂」があり、きちんとした宴会場も備えていた。

お別れの会では、八重洲富士屋ホテルのさよならパーティーのために編集したという思い出スライドショーを上映した。そこには、昭和を象徴する政治家、田中角栄の姿もあった。言うまでもなく、田中角栄は小佐野賢治の刎頸の友である。父がホテリエとして現場を任されたのは、そうした昭和の歴史が動いたホテルでもあったのだ。

もうひとつ上映した映像は、一九九八（平成十一）年、ＪＲ東日本の第七回サービスシンポジウムでの基調講演である。

講演のベースになったのがカール・アルブレヒト著の『逆さまのピラミッド――アメリ

カ流サービス革命とは何か』という本だ。その中にある「サービス7つの大罪」では「無関心、無視、冷淡、子供扱い、ロボット化、ルールブック、たらい回し」を顧客の不満要因としてあげている。これらを紹介しながら「サービスとは瞬間の連続であり、どこかにゼロかマイナスがあれば、すべてはゼロになってしまう」と説いた。

一九九八（平成十）年というと、富士屋ホテルの副社長から監査役になった年である。翌一九九九年から早稲田大学商学部・大学院および桜美林大学経営政策学部で教授となり、それぞれでゼミナールも持った。すなわち、活動の軸足を実務から教育、研究に移した、ちょうど転換期に行った講演だったことになる。

お別れの会では、二百七十名の方にご参列頂いた。富士屋ホテルからは現社長、役員のほか、多くのOB、OGにもいらして頂いた。

とりわけ印象的だったのは、一九六〇年代、旧態依然の同族会社だった富士屋ホテルに新風を吹き込んだと、伝説的に語り伝えられる企画広報課のOGの方々が揃っていらしてくれたことだった。家族ぐるみで顔見知りになるような家庭的な雰囲気と、当時のホテルでいち早く「企画広報」というセクションを立ち上げた先進性。課長として、企画広報課を盛り上げた若き日の父に再会したような感動があった。
「コーネル・ホスピタリティ・クォータリー」の翻訳監修の後任者である原忠之先生はフロリダから、月刊ホテル旅館前編集長はロンドンから、遠方からの参加者も多かった。本の上だけで知る父の著書や訳書の共著者の方々とお目にかかれたのもまた、うれしいことだった。

生前の父と直接会っていない参加者もいた。熊本県天草からいらした「石山離宮 五足のくつ」のオーナー、山崎博文さんである。だが、父の説いた「増価主義」という理論が、今の旅館経営の基礎にあると熱く語る。「増価主義」とは、「これからのホテルや旅館は、スクラップ&ビルドが必須になるようなものではなく、開業以降、価値が増大していくようなものでなければいけない」という考え方である。

山口祐司は、しばしば理論派のホテリエと呼ばれた。お別れの会を家族として主催することで、私は、あらためてその事実に気づいた。

思えば、いつも父は書斎にいた。

八重洲富士屋ホテルの開業と共に、週末は箱根、平日は東京という二重生活が始まったが、それに伴い、父の書斎も、東京と箱根の二ヵ所になった。週末も役員として富士屋ホテルに出勤した後、なおもまた彼は書斎に籠もった。

追悼冊子には、箱根の書斎の写真を載せた。今は「スパ アット ヤマグチハウス」のカウンセリングルームになっている場所だ。

スパを運営するアユスの西田若葉さんも山口祐司の説いたホスピタリティの理論にスパ経営の指針を示されたと語る一人だ。このスパの背景にも彼の理論があったわけで、父の書斎が、こうして今、自ら説いた理論を実践する場になっていることに不思議な運命の糸を感じる。

最後にあらためて山口祐司がお世話になった皆様に感謝したい。

（二〇一八年三月号）

富士屋ホテル、しばらくのサヨナラ

二〇一八（平成三十）年四月一日の日曜日、箱根宮ノ下に春真っ盛りの陽光が降り注ぐなか、午前十二時二十分、富士屋ホテルの館内に放送が流れた。

「館内のお客様にご案内申し上げます。富士屋ホテルは耐震改修工事のため、本日、十二時三十分より二〇二〇年七月まで休館させていただきます。なお、ベーカリー&スイーツピコットと菊華荘は営業致しますので、皆様のお越しを心よりお待ち申しあげております」

満室の宿泊客は、すべてチェックアウトを済ませ、館内に残った客は数えるほどになっていた。

玄関には、接客担当の従業員ばかりでなく、白いコックコートの料理人や青い作業服の施設担当まで勢揃いして、出発するお客様を一人ひとり丁寧に見送る。

館内放送が終わると、玄関に姿をあらわすのは、従業員が顔も名前もよく見知ったリピーターばかりとなった。

遠い昔はともかく、近年の富士屋ホテルのリピーターは、政財界の大物のようなタイプではない。贅沢三昧を好む人たちとも少し違う。富士屋ホテルの魔性のような魅力に絡め取られ、引き込まれ、人生の伴走者のように富士屋ホテルの存在と空間を愛している方々が多い。

閉館前日の夕刻、バーで開催された「フェアウェルアペリティフ」で、そうしたスーパーリピーターの方々と語らう機会があった。

代々の顧客の末裔で子供時代の幸せな記憶を重ねる方もいる。結婚式をきっかけにファンになった方もいる。富士屋ホテルに通い出したのはほんの三年前と語る女性は、関わった時間は短いが、その知識と興味の深さは圧倒的で驚かされた。どうしても節目を見届けたくて、日帰りで駆けつけたという。

富士屋ホテルの魅力は、建築の面白さと居心地の良さ、数奇な歴史と伝統を継承する従業員の温かさと人懐こさ、それらが渾然一体となったもので、ほかのクラシックホテルでは代替のしようがないと、彼らスーパーリピーターは語る。

そして、話題は二年三カ月にわたる「富士屋ホテルロス」をどう切り抜けるかにおよぶのだった。

だからなのだろう、閉館間際、リピーターとのしばしの別れに涙を流す従業員も少なくなかった。彼らもまた、同じように独特な魅力に惚れ込んで入社し、職場を愛する人たちだった。同じ感情の波動が顧客と従業員の間に増幅し、涙となる。

二〇一五（平成二十七）年八月三十一日、ホテルオークラ東京本館が建て替えのために閉館した日を私は思い出していた。

午後十二時の深夜だったにもかかわらず、閉館の直前まで館内の混雑は続いていた。改修ではなく、取り壊しであったこともあるが、一週間ほど前から全国紙でも取り上げられ、当日はＮＨＫのニュースで中継され、海外メディアを含むいくつものテレビカメラが廻っていたホテルオークラ東京の喧噪に比べると、富士屋ホテルの閉館は平穏だった。

チェックアウトもいつも通りで、ティーラウンジのお客もそこそこに引き上げ、館内がごった返すこともなかった。いつも通りの日曜日がそこにあった。

ホテルオークラ東京でも閉館少し前に館内放送が流れ、玄関に従業員が勢揃い、「ありがとうございました」と丁寧にお客様を見送った。

だが、それは涙や抱擁が介在する別れではなかった。富士屋ホテルのリピーターの数は、決して多くなかったけれど、その絆の深さに私は心を打ったのだった。

そうしたスーパーリピーターの一人に私の古い友人がいる。代々の顧客の末裔で子供時代の記憶が原点というが、足繁く富士屋ホテルに通い詰めるようになったのは、空白期間があった後、彼の人生にも紆余曲折があった後だった。いわば人生に疲れた彼を富士屋ホテルは包み込むように受け止めてくれたのだという。

Cさんのことは、従業員みんなが知っている。独身の彼にとっては、彼らが家族と呼んでもいいくらいだった。だから、その日も玄関で心配そうな声が聞こえた。

「Cさまはどうしたのかしら。まだフィッシュアレイにいらっしゃるのかしら」

「フィッシュアレイ」というのは、宴会場のカスケードルームと温室を結ぶ動線にある廊下で、壁一面に陶器の魚が埋め込まれていることからその名前があった。

Cさんが、富士屋ホテルでもっとも愛する場所で、花御殿やフランス料理「ザ・フジヤ」がある食堂棟のような誰もが知る「顔」ではないけれど、マニアであれば知っている、ユニークな空間だった。

フィッシュアレイから温室に続く動線は、庭沿いに行くこともできる。好んでこの廊下を通るのは、富士屋ホテルのマニアである証拠で、だからスーパーリピーター同士が知り合いになったり、声をかけたりするのはここが多いと、私に話してくれたことがある。

既存の建物をほとんど保存する方針の今回の改修にあって、厨房など、数少ない取り壊しが検討されているのが、このフィッシュアレイから温室に至るエリアだ。それを知っているから、みんなが心配している。

温室も植物の鉢が少なくなり、がらんとしていた。前日に取り置きしていた観葉植物を引き取りに行くと、料金はいらないと言われた。

「今日は、皆様からいただいておりません。かわいがっていただければ、それで本望です」

涙腺の緩むような台詞とともに手渡された。

一八七八（明治十一）年創業の富士屋ホテルは、今年（二〇一八年）で開業百四十年目を迎える。関東大震災や太平洋戦争、ＧＨＱによる接収、同族経営の終焉など、多くの出来事があったが、それでも休まず営業を続けてきた。その富士屋ホテルが創業後、初めての休館となる。

スーパーリピーターには今の富士屋ホテルで問題ないのだろうが、老朽化はもはや限界に近い。彼らの富士屋ホテルに対する愛情の深さは果てしないが、その数は決して多くない。そして昔の顧客と違い、彼らは長期滞在でまとまったお金を落としてはくれない。

二年三カ月のサヨナラ。

富士屋ホテルが未来に生き続けるため、一世一代の大改修が、いよいよ始まる。

（二〇一八年五月号）

富士屋ホテル　今回の改装で取り壊された宴会場「カスケードルーム」

富士屋ホテルの廊下「フィッシュアレイ」

あとがき

二〇二〇年のオリンピックを目前に、インバウンドが活況を呈し、改元によるスーパーゴールデンウィークで海外旅行も近年になく盛り上がりを見せた。旅を基軸にものを考えるのに、今ほど話題豊富なタイミングはないのかもしれない。

プロローグにもふれたように、これは二〇一二年から二〇一七年にかけての連載コラム「考える旅人」からの抜粋である。

連載を開始したのは、二〇一一年東日本大震災の記憶がまだ生々しい時期だった。そして二〇一三年、二度目の東京オリンピックの開催が決定した。やがて、いまだかつてない勢いで外国人観光客が増え、国内の観光地や繁華街の風景が一変していった。一方で国内では度重なる災害もあった。

海外を積極的に旅する私の姿勢は、以前と変わりなかったけれど、こうした時代の影響か、以前よりも国内を旅することが増えたのが、この数年の傾向だった。

ホテル業界では、二〇一五年八月にホテルオークラ本館が建て替えのため閉館したこと、二〇一七年三月に耐震改修工事のため、富士屋ホテルが二〇二〇年七月まで休館となったことなどが大きな出来事だった。

いずれの最終日も取材者として現場に立ちあい、その記録を「考える旅人」に書き留めることができた。それらをこうして書籍に採録することができたのは、幸せな運命の巡り合わせだと思っている。

最初の著書『箱根富士屋ホテル物語』を上梓してから、早いもので四半世紀が過ぎようとしている。以来、旅やホテルを主なテーマに、時には全く違う分野の評伝やノンフィクションを含め、幅広く執筆してきた。

創作の基軸が現場に行くこと、すなわち、旅であることは、プロローグにも書いた通りだ。それと同時に、いつの頃からか、自分の役割は時代の「記録係」ではないかと考えるようにもなった。

そう考えるようになったきっかけは、自身の出自である富士屋ホテルの歴史をふりかえったとき、最後の同族社長だった祖父もまた、「記録係」だったことに気づいたからだ。『箱根富士屋ホテル物語』を書いたとき、直系の祖父でありながら、創業者やそれ以前の経営者と比較すると、性格的にも真面目な祖父は、物語の主人公としてはどうにも地味に思えて、つい扱いも軽くなった。

だが、そもそも私が同書を書くことができたのは『富士屋ホテル八十年史』という壮大な記録があったからだ。現在の広報担当者も、この本がなければ、クラシックホテルとしての富士屋ホテルは語れないと言う。『八十年史』を執筆編纂したのが祖父だった。

一九七八年創業の富士屋ホテルの創業八十年といえば、一九五八年である。調査執筆は、その前に始まっていたのだろう。インターネットもない時代、祖父は、箱根から日比谷の東京都立図書館に足繁く通っていたと、父から間接的に話を聞いたことがある。そうして、歴史の失われたパーツを調べて埋めていったのだろう。その地道な作業が、クラシックホテルとしての今につながっている。

足で稼ぐ地道な取材をしているとき、そして、それが苦にならない自分に気づくとき、ふと「記録係」であった祖父の血を意識することがある。

「考える旅人」は、旅のエッセイであると同時に、旅をめぐる産業や出来事が、近来になく注目を浴びた時代の「証言」、すなわち「記録係」の仕事だとも思っている。

今回、連載掲載の年月を併記することで、加筆、訂正をあえてほとんど行わなかった。それは、動きのある時代の熱っぽさをそのまま伝えたかったからだ。

そうした時代が継続している今、同時代の読者に面白く読んで頂きたいのはもちろんだが、いつかもっと長い年月が過ぎたあと、時代の「記録」として、未来の読者が手にしてくれることも夢見ている。

熱っぽい時代はまだ終わらない。

二〇一九年九月にはホテルオークラが「The Okura Tokyo（オークラ東京）」とリブランドして再開業する。さらに二〇二〇年七月には、富士屋ホテルが再開業する。そして、二度目の東京オリンピックが開催される。

日本国内にイベントが多いだけではない。海外を旅していても、ＳＮＳの発達などで、旅に求めるもの、旅のありようの激変を日々実感している。ホテルやリゾートに求められるかたちも変革期のさなかにある。

誰もが旅をして発信する時代だからこそ、「旅を書く」プロとして、何を発信するかが問われていると思う。

私がこの仕事を始めた頃、すでに「今はどんな極地や秘境に行っても、行ったというだけでは作品として価値がない時代なんだよ」と、ある編集者から言われたことをよく覚えている。その状況はさらに進んでいる。

しかし、だからこそ、「考える旅人」の視座をもって旅を書くことに意義を感じるし、面白いとも思う。旅を書くプロとして、この時代に遭遇できたことを、私はむしろ幸運に思っている。

「考える旅人」の連載は、今も『月刊ホテル旅館』にて継続中である。この本に収録された「その後」が気になる方は、継続してお読み頂ければ幸いだ。

【初出一覧】

＊『月刊ホテル旅館』（柴田書店）連載

第一章　オリンピックの風紋
今、再びの東京五輪①――二〇一三年十一月号
今、再びの東京五輪②――二〇一三年十二月号
五年目の「庭のホテル 東京」――二〇一四年七月号
五十年目のホテルニューオータニ――二〇一四年十一月号
ホテルオークラ東京の価値――二〇一五年二月号
ホテルオークラの「八・三一」――二〇一五年十月号

第二章　美しき日本への断想
マレビトの言祝ぐ日本――二〇一三年二月号
珊瑚礁とクジラの海、ケラマ――二〇一三年九月号

フクシマの呪縛——二〇一三年十月号
命をつなぐ「おもてなし」、再び——二〇一六年六月号
雪の国、ニッポン——二〇一四年四月号
佐渡で考えたこと——二〇一六年八月号
小笠原の不思議——二〇一六年十月号
憧れの奥志賀高原は今——二〇一八年四月号

第三章　アジアの風に吹かれて
スリランカ、南アジアの親日国——二〇一四年六月号
スリランカ、軍が運営するホテル——二〇一五年九月号
熱帯建築家バワが注目される理由——二〇一七年七月号
ソンクラーンのバンコクで——二〇一三年六月号
奇跡の海、ラジャ・アンパットへ——二〇一三年五月号
観光地ウブドの変遷——二〇一七年五月号
変わらない香港、変わる香港——二〇一七年九月号

第四章　南半球からのメッセージ
パプアニューギニアが教えてくれたこと――二〇一五年三月号
バヌアツからのメッセージ――二〇一五年五月号
モルディブという楽園――二〇一五年八月号
映画『モアナ』に出会える島――二〇一七年六月号
ル・ソバージュのミシェルさん――二〇一五年十一月号
マオリとアイヌ――二〇一七年八月号
「虹の国」が歩んだ二十年――二〇一三年七月号

第五章　ホテルをめぐる物語
ソウェトのホテルにて――二〇一四年一月号
ロックフェラーの愛したロッジ――二〇一七年十一月号
クラシックホテルとは何か――二〇一八年二月号
絶景ホテルとナバホの歴史――二〇一八年九月号
アマン東京の革新――二〇一五年四月号

林愛作の先見性――二〇一三年四月号
洋々閣と富士屋ホテル――二〇一五年十二月号
創業者のダンディズム――二〇一六年一月号
久米権九郎のホテル建築――二〇一六年七月号
香りのおもてなし――二〇一六年五月号
「発見」された日本のクラシックホテル――二〇一八年七月号

第六章　原風景への旅

知られざる箱根、大平台――二〇一五年六月号
箱根における火山との〝共生〟――二〇一五年七月号
愛されるホテル――二〇一七年三月号
亡父山口祐司とコーネル・クォータリー――二〇一八年一月号
父山口祐司のお別れの会――二〇一八年三月号
富士屋ホテル、しばらくのサヨナラ――二〇一八年五月号

山口由美（やまぐち・ゆみ）

1962年神奈川県箱根町生まれ。慶應義塾大学法学部法律学科卒。旅とホテルを主なテーマに、ノンフィクション、紀行、エッセイ、小説など、幅広い分野で執筆している。2012年『ユージン・スミス 水俣に捧げた写真家の1100日 』で小学館ノンフィクション大賞受賞。著書に『箱根富士屋ホテル物語』（小学館文庫）、『アマン伝説 創業者エイドリアン・ゼッカとリゾート革命』（文藝春秋）、『世界でいちばん石器時代に近い国 パプアニューギニア』（幻冬舎新書）、『日本旅館進化論 星野リゾートと挑戦者たち』(光文社)、『昭和の品格 クラシックホテルの秘密』（新潮社）など多数。富士屋ホテル創業者、山口仙之助は曽祖父にあたる。

わたしの旅ブックス

011

考える旅人　世界のホテルをめぐって

2019年5月30日　第1刷発行

著者――――――山口由美

編集――――――佐々木勇志（産業編集センター）

ブックデザイン――マッダオフィス

DTP――――――角 知洋_sakana studio

発行所―――――株式会社産業編集センター

〒112-0011

東京都文京区千石4-39-17

TEL 03-5395-6133　FAX 03-5395-5320

http://www.shc.co.jp/book

印刷・製本――――株式会社シナノパブリッシングプレス

ISBN978-4-86311-226-1